U0747482

同理心

用共情让沟通直指人心

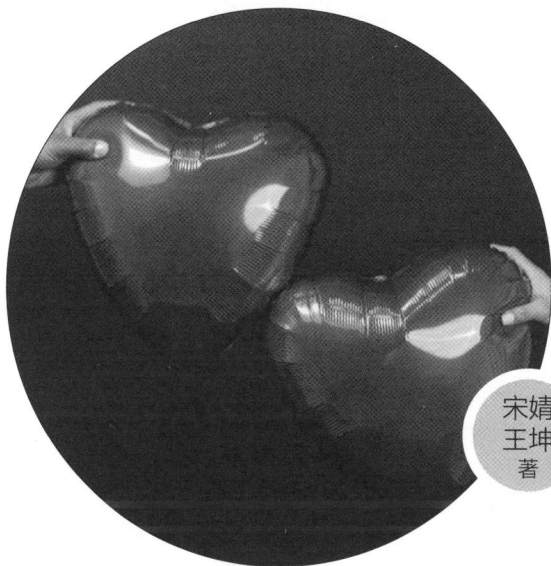

宋婧
王坤
著

中国纺织出版社有限公司

内 容 提 要

每个人都不是一座孤岛，总要与外界的人产生连接。有时，我们会在关系中受伤；有时，我们也会关系中收获疗愈。然而，无论是受伤还是疗愈，终究都离不开一件事，那就是共情。当关系中的双方都具备同理心，可以全然接纳和理解对方的真实感受时，这段关系会变得深入、真实而亲密。反之，如果总是被误解，伤口就会慢慢变大，而彼此之间的距离也会越来越远。无论是哪一种关系——亲子、爱人、朋友、同事、合作，都需要在共情中拉近连接，当我们具备了同理心，懂得给予他人深度共情时，不仅自己可以获得成长和疗愈，还可以构建起更多稳固的、持久的关系，从而收获更丰富、更有价值的人生。

图书在版编目（CIP）数据

同理心：用共情让沟通直指人心 / 宋婧，王坤著. -- 北京：中国纺织出版社有限公司，2022.5
ISBN 978-7-5180-9383-0

Ⅰ．①同… Ⅱ．①宋… ②王… Ⅲ．①心理交往—通俗读物 Ⅳ．①C912.11-49

中国版本图书馆CIP数据核字（2022）第037491号

责任编辑：郝珊珊 责任校对：高 涵 责任印制：储志伟

中国纺织出版社有限公司出版发行
地址：北京市朝阳区百子湾东里A407号楼 邮政编码：100124
销售电话：010—67004422 传真：010—87155801
http://www.c-textilep.com
中国纺织出版社天猫旗舰店
官方微博 http://weibo.com/2119887771
天津千鹤文化传播有限公司印刷 各地新华书店经销
2022年5月第1版第1次印刷
开本：880×1230 1/32 印张：5.5
字数：166千字 定价：58.00元

十几年前，第一次接触抑郁症患者。身为朋友的我，拼尽力气想要"拉"对方出来。

当她感到沮丧、悲观时，我安慰她要用乐观的视角看问题；当她沉浸在自我怀疑与否定中时，我劝她不要胡思乱想；当她低眉垂丧陷入绝望之中时，我被那份压抑卷入，萌生了强烈的无力感，只想着快一点结束交谈，逃离自己无法掌控的氛围。

回首过往，不可否认的是，我为了帮助深受抑郁煎熬的朋友做过很多努力。遗憾的是，我并没有真正地帮助到她，也未曾给予她真正需要的东西。我记得很清楚，当时她在豆瓣里给我发了一封私信，转述了一个和"蘑菇"有关的故事：

有一位精神病人，总以为自己是一只蘑菇。他每天都会打一把伞蹲在路边，不吃不喝，就像蘑菇一样。医生想跟他沟通，却不知道从哪儿入手？最后，医生干脆效仿他，也打一把伞蹲在路边，一蹲就是好几天。

终于有一天，病人注意到了医生的存在，就问："你是谁呀？"

医生说："我是一只蘑菇啊！"

病人点了点头，继续当他的蘑菇。过了一会儿，医生站了起来，四处溜达。

病人很惊讶："你不是蘑菇吗？怎么还能走来走去？"

医生说："因为我是一只悲伤的蘑菇，蘑菇悲伤的时候就会到处走，它想知道朋友们都在做什么，为什么都不理我？你愿意和我一起去寻找其他的蘑菇吗？"

病人点点头，跟着医生一起走了。过了一会儿，医生拿出一个面包吃起来，病人问："你不是蘑菇吗？怎么可以吃东西？"

医生理直气壮地说："蘑菇也可以吃东西呀！"病人觉得有道理，也开始吃东西。

几个星期以后，病人能够像正常人一样生活了，虽然他仍觉得自己是一只蘑菇。

那时的我，透过故事领悟到了陪伴的重要性。只是，我所给予的陪伴是安慰、劝解、指明和训诫，而朋友真正想要和需要的是陪伴和共情，是在她身边蹲下来陪她做一只蘑菇，感受她的一切感受。

事实上，无论哪一种关系——亲子、爱人、朋友、同事、合作，都需要在共情中拉近距离。没有共情，就无法相互理解，也无法寻求支持、相互鼓励，共享温存与爱。只有关系中的双方都具备同理心，可以全然接纳和理解对方的真实感受时，这段关系才会变得深入、真实而亲密；如果总是被误解，给不到对方需要的理解与支持，彼此之间的距离也会越来越远。

共情，说来简单，践行不易。

现实生活中，太多人误把怜悯和同情当成了共情：看到他人的不幸经历时，觉得对方很可怜、处境堪忧，看似慷慨地给予了施舍，实则并没有把自己和对方放在平等的位置上，处处都透着一份优越感；听到他人诉说心中的困惑与烦恼时，直截了当地给出建议，看似是在为对方解决问题，却未曾意识到这是以自我的角度和经验来看待对方的问题，而对方对这件事有自己的建构，此刻的他只是想要宣泄情绪。

《天才在左，疯子在右》里说："想看到真正的世界，就要用天的眼睛去看天，用云的眼睛去看云，用风的眼睛去看风，用花草树木的眼睛去看花草树木，用石头的眼睛去看石头，用大海的眼睛去看大海，用动物的眼睛去看动物，用人的眼睛去看人。"

真正的共情，是无论自己是否经历过，都会从对方的角度去想象他的遭遇、他的感受，不会贸然给出帮助，但愿意了解对方的需求，并尽力给予对方需要的支持。

希望借由这本书，让更多的朋友正确地认识共情、掌握切实有效的共情方法。当我们具备了同理心，给予了周围人深度共情时，我们所表达的心意才不会变成对方的误解，从而构建起更稳固、更持久的关系，收获更丰富、更有质感的人生。

目 录
CONTENTS

PART 01

共 情

构建一切良好
关系的根基

生命的联结：会传染的疼痛 / 002

共情是一种天赋，更是一种能力 / 004

递出温暖与善意时，也在滋养自己 / 008

良好的亲子关系，胜过一切教育方法 / 011

共情的程度，决定了爱的深度 / 014

高情商的核心，是拥有共情力 / 018

PART 02

内 省

共情，我们真
的做对了吗？

共情≠同情：有些安慰很伤人 / 024

共情≠怜悯：谁也不喜欢被可怜 / 028

共情≠比惨：苦是无法用来比较的 / 032

共情≠说教：没有共情就没有连接 / 035

共情≠投射：停止主观臆断的假想 / 039

PART 03

倾 听

耳朵是通往
心灵的路

永远不要假设自己知道对方想说什么 / 044

没有人不想倾诉，只是害怕不被理解 / 047

集中注意力，全心全意地去倾听 / 050

手里拿着锤子的人，看什么都像钉子 / 054

怎样去聆听一个难以启齿的秘密 / 057

PART 04

回 应

走进去体验，
走出来表达

共情始于理解，但不止于理解 / 062

切忌轻易对他人作评判、贴标签 / 064

实现共情表达的三个重要因素 / 068

多运用引发思考的开放式提问 / 072

关注并理解过去发生了什么 / 076

保持抽离状态，给予客观的回应 / 079

PART 05

诚 实

真实地面对自
己，真诚地面
对他人

当自己伤痛未愈时，很难共情他人 / 084

诚实面对内心的感受，哪怕是恨意 / 088

学会自我理解，才能更好地理解他人 / 092

请允许自己和身边人有负面情绪 / 095

生而为人，拥有欲望并不是罪恶 / 098

究竟是讨厌别人，还是排斥自己 / 101

PART 06

接 纳

你我都不完美，
但也没关系

迷恋期：我爱你，你满足了我的期待 / 106

幻灭期：你和我期待的样子并不一样 / 109

整合期：我爱你，因为你本来的样子 / 112

感谢身边的伴侣，帮你看清自己 / 117

阴影被看见，不意味着关系会结束 / 121

PART 07

边 界

设定界限，摆
脱共情伤害

任何一种情绪体验都是双刃剑 / 126

内观：你是一个过度共情者吗 / 129

设立边界，不必为他人的情绪负责 / 133

共情抚养要理性，父母也需自我关照 / 136

认识共情的阴暗面，避免被恶意利用 / 140

PART 08

精 进

提升共情力
的五个要点

思维：打破以自我为中心的模式 / 144

沟通：在原生情绪层面进行沟通 / 147

滋养：做好自我照顾，为共情力充值 / 152

包容：生而不同，爱而相容 / 158

宽恕：原谅自己，就原谅了一切 / 162

1

PART
01

共　情
构建一切良好关系的根基

"那个能在绝望、困惑的时刻陪着我们沉默的人，
能花一小时陪我们度过丧亲之痛的人，不多过问、不问疗愈，
陪我们直面无力现实的人，才是真正的朋友。"

生命的联结：会传染的疼痛

打开新闻软件，但凡有关于孩子生病或受伤的报道时，底下的评论中总是会冒出这样的字眼："有了孩子以后，看不得这样的消息……"显然，评论者共情到了为人父母在面对孩子病痛时的悲伤与无力，同时也深刻地体验着那份"痛在你身，疼在我心"的煎熬。

对他人的遭遇表示理解，对他人的痛苦感同身受，这样的体验我们并不陌生。然而，我们能否真的感受到他人身体上的疼痛呢？

俄勒冈健康与科学大学曾经做过一个实验，证明了身体疼痛可以由一个个体传递给另一个个体。实验的设置是这样的：A 组小白鼠被注射了一种有毒物质，这种有毒物质会引发炎症，当炎症发作时，小白鼠就会感觉到疼痛。B 组小白鼠没有接受任何注射，不直接感受到痛觉，只是被安放在 A 组小白鼠的旁边。

实验开始后，接受注射有毒物质的 A 组小白鼠很快感觉到疼痛，而未被施加痛感刺激的 B 组小白鼠也表现出了疼痛反应。测量结果显示，B 组小白鼠虽然只是旁观者，可它们感受到的疼痛不亚于 A 组的小白鼠，甚至可以说，它们感受到了和 A 组小白鼠一样的痛苦。

作为对照组的 C 组小白鼠，被放置在另外一个房间，它们在视觉和听觉上均未感受到 A 组小白鼠的影响，结果显示，它们并没有表现出痛觉反应。然而，当实验人员把表现出痛觉反应的一部分 B 组小白鼠和 C 组小白鼠放置在一起时，C 组的小白鼠纷纷受到了 B 组有痛觉反应的小白鼠的影响，也开始表现出痛觉反应。它们虽未受到听觉和视觉上的刺激，但在嗅觉中感受到了同类的痛苦。最终，C 组的小白鼠都出现了痛觉反应。

很显然，真正接受痛觉刺激的只有 A 组的小白鼠，但 A 组小白鼠的痛苦却传递给了 B 组和 C 组的小白鼠。这个实验表明，痛苦是可以传递的。为了证明人与人之间的痛苦同样可以传递，伯明翰大学的两位学者专门组织 108 位大学生进行了一次实验。

研究学者安排被试者观看一些令人感到疼痛的画面，如病人接受注射、运动时受伤等，然后让被试者说出自己看到这些画面后的心理感受。结果显示，有近 1/3 的被试者表示，他们能从其中至少一个场景中感受到疼痛，这种疼痛不仅是情绪反应，还包括生理疼痛。

对于能够产生感应式疼痛的人，研究学者将其称为"反应者"，而那些未感到疼痛的人则被称为"无反应者"。随后，他们在两组人员中各挑选 10 人，安排他们观看 3 种不同的场景：一是忍受疼痛的场景，二是令人感动而非疼痛的场景，三是普通场景。在被试者观察这些场景的时候，研究学者会通过仪器密切关注他们的大脑活动情况。

结果表明，无论是反应者还是无反应者，他们在观察疼痛场景时，脑部的情感中心都会变得活跃，只是反应者大脑中感受疼痛的相关区域比无反应者激活更强烈。当反应者看到令人感动的场景时，大脑中感受疼痛的区域会慢慢平静下来。为此，研究学者认为，该实验结果可以充分证明感应式疼痛的存在。

这种能够感受到他人疼痛的特质被称为疼痛共情。在人类以及猴子、老鼠等很多动物的身上，都存在此类现象。从进化的角度来理解，动物允许自己被疼痛"传染"，一定是有其原因和意义的。其中最直接的作用就是，能够理解孩子疼痛感受的父母更加懂得照料、帮助和保护孩子，完成代际的基因遗传。同时，共情也能帮助动物理解同伴的处境，从而予以帮助，保证种族的延续。

共情是一种天赋，更是一种能力

说到人类、猴子和老鼠等动物存在疼痛共情，多数人可能尚且能够理解，毕竟都是群居动物，如果不能相互理解，就将无法存活。然而，令我们难以想象的是，单细胞生物之间也蕴藏着共情的力量，黏菌就是一个代表。

　　黏菌是一种单细胞生物，多以细菌为食的。只要有食物，它就可以一直待在原地不动。当食物逐渐减少时，黏菌会意识到这种处境不利于生存，便通过响应一种叫作外激素的化学信号，让单个的细胞集合在一起，组团去寻找食物。这些聚在一起的黏菌细胞，可以在土壤里移动，当整个团队找到了安全的栖息地和充足的食物时，位于细胞团前面的个体就会死去，放弃自己繁衍后代的机会，以保证后面的个体得以存活，延续物种。

　　这应该算是共情的原始模式了，但它让我们感受到了，共情是生物广泛拥有的一种天赋，其作用是保证种群的延续。所有的生物都需要共情，如果没有共情，个体间就无法相互理解，更无法相互寻求支持、帮助、温存与爱。如此，即便是面对同类和至亲，也会漠不关心。

　　曾有科学家在野生猴子身上进行过一个实验：研究人员将猴子大脑中的杏仁核与新皮层之间的联系切断，而后将其放回到原来的栖息地。没有了能够支持共情的神经回路后，这些猴子无法对其他动物的友善或敌意作出合理的推断。

　　如果是一只正常的猴子，在看到某些情景时可能会在脑海中产生一些想法，比如："这只大猩猩看起来有些可怕，不过它的眼神是温和的，也没有向我呲牙，我不用太担心""那只母猴一直围着我转，它应该是被我吸引了"。然而，做了脑部手术的猴子，完全断绝了之前和家族成员、朋友的关系，它们独自生活，不受善良、忠诚、关爱等由新皮层产生的情绪的影响，只被杏仁核产生的愤怒与恐惧情绪所主宰。

共情有其神经生理的基础，但有一点我们要明晰，大脑不是固定不变的。研究人员利用磁共振成像经过反复验证，最终得出结论：人们的经验、选择和习惯共同塑造了大脑。也就是说，共情有一部分是遗传决定的，但经验、环境和习惯等非遗传因素也发挥着至关重要的作用。

自体心理学中有一个概念叫作"镜映"，即在镜子里映出一个人的形象。对于婴儿来说，他没有"我"的概念，只能在养育者（通常是父母）的眼睛里去找寻"我是谁"的答案。此时，养育者犹如一面镜子，孩子的自我意象与镜子呈现出的画面往往是一致的。

如果养育者给予的回应是积极的、温暖的、友爱的，孩子感受到自己是被理解、被接纳的，他产生共情的神经回路就会被加强。相反，如果养育者总是充满暴力、愤怒或忽视，孩子只能看到一幅扭曲的、不切实际的自我图像。在这样的互动模式中，孩子发出或接收共情的神经通路就会受阻，当他一次又一次地发现，这个世界总是不能正确地对待或关心他们的感受时，他们就会开始封闭自己的情绪。

心理学家对那些受到过虐待的孤儿进行调查，结果发现：有不少孩子长大后并不懂得关心他人，甚至表现出和精神病患者类似的共情缺陷。原因在于，这些孩子从未得到过良好的照料，经常吃不饱，总是被忽视。其中有一些孩子比较幸运，在 2 岁左右时被收养，得到了养父母温暖、友善的抚育，从而发展出了正常的共情能力。

总而言之，当一个人被共情地对待，被他人准确地理解自己的想法和感受，并且及时地给予回应时，他会觉得自己值得被温柔对待，其共情能力也会得到提升。当思维脑逐渐掌控情绪脑，他也会想要把自己曾经感受到的信任和爱，再镜映给这个世界和他人。如果没感受到过被爱、被珍视，就不知道如何来安抚自己、照顾自己。当他人遭受伤害或陷入困境时，更不知道如何去共情对方、安抚对方。

由此不难理解，共情是一种天赋，更是一种后天习得的能力。这对我们而言是一件好事，哪怕是早年受到过忽视，没有感受到爱和关心，也不意味着这一生都无法与自己好好相处，与他人建立亲密关系。因为我们可以用语言表达自己的感受，告诉他人自己的想法，也可以在感到痛苦迷茫时向他人求助，这是人与其他动物最大的差别。如果被给予共情和正确的指导，在早年阶段情绪匮乏的人，依然有机会学会表达自己的情绪，学会与他人建立连接，重新扩展共情能力。

共情是一种天赋，但也需要通过学习去掌握，它并非一成不变，你浇灌它，它便茁壮，你忽视它，它就萎靡。无论多么痛苦、多么绝望，每个人都有成长和改变的各种可能，都可以经由一段充满共情的关系，加深对自己的感知，加强与他人的连接，安抚受伤的灵魂，重新体验并相信——我值得被重视、被珍惜、被善待。

递出温暖与善意时，也在滋养自己

20 世纪 30 年代时，英国的鲜奶公司把鲜奶送到订购牛奶的客户门口时，既不在奶瓶上盖盖子，也不封口。所以，当地的麻雀和红襟鸟总可以很轻松地喝到凝固在牛奶表面的奶油皮。后来，为了安全和卫生起见，牛奶公司开始用锡箔纸把奶瓶口封起来。令人意外的是，几年之后，当地的麻雀都学会了啄开封纸，吃到奶油皮的本领，而红襟鸟却一直没能掌握这种方法。两种鸟的差异引起了生物学家的研究兴趣，他们从生物学角度对这两种鸟儿进行了深入细致的研究，发现它们的生理结构基本上没有很大区别。

是什么原因让这两种鸟形成了如此大的差别呢？后来，社会学家揭露了真相：这种进化的差别源自两种鸟儿不同的生活习性。麻雀是群居的物种，当某只麻雀偶然间学会了啄破锡皮纸可以吃到奶油皮的方法后，其他麻雀便也会群起而效仿。红襟鸟是独居物种，它们圈地为生，彼此之间的沟通也仅限于求偶和对侵犯领地者的攻击。因此，就算偶有红襟鸟发现了取食奶油皮的奥秘，也会因为它们的独大和专享，无法让同类一同受益。

人类是群居动物，随着科技的发展，我们进入了史无前例的全球人类大连接的时代。现代人即便不出家门，也可以浏览大千世界发生的一切；可以在社交媒体上结识几十个、上百个朋友，并随时与他们保持联系。这种互动模式带来了便捷，但也让越来越多的人沉浸在虚拟的世界里，把自己活成了现实中的"红襟鸟"。

不是每一个独自生活的人都是孤独的，孤独感是一种封闭心理的反应，是一种不愉快的、令人痛苦的主观体验或心理感受。决定孤独的因素，并非朋友的数量，而是个体与社会在情感上隔离的程度。任何形式的人际关系，都遵从"给予—接受"的模式，接受的前提是给予，你传递出去的是温暖与善意，才可能接受到来自他人同样的馈赠。

把自己活成孤岛的人，往往缺少换位思考的能力。少了同理心，就意味着存在共情障碍，没有办法准确判读他人的观点，不能预测他人的反应或行为，继而做出不恰当的举动，破坏彼此之间的情感联结。短暂或偶然的孤独，不会造成心理行为紊乱，但长期或严重的孤独，却可能引发某些情绪障碍，增加与他人和社会的隔阂与疏离，进而强化孤独感。

美国一项涉及 30 万人的研究表明，孤独感的危害相当于酗酒或每天吸 15 支烟。同时，孤独感会增加人体压力激素皮质醇的分泌水平，削弱免疫系统；孤独者患心脏病和脑卒中的概率是正常人的 3 倍，其生活方式致使癌症的发病率增加 2~3 倍！

长期处于戒备、孤独、焦虑和压力之中，人的共情力就会降低，也意识不到应当给予他人帮助，因为他的关注点全在自身的消极情绪中。然而，给予他人共情和温暖，进入另一个人的世界，创造有意义的关系，却能够促进一种对神经系统有益的化学物质产生，对情绪产生积极的影响，给生活带来意义。

亚利桑那州立大学的一位心理学家曾经做过专门的研究，结果发现，当被试频繁地帮助他人时，他会产生一种满足感，这种感觉和快乐相仿，能够降低被试的压力荷尔蒙，促进其心血管健康并巩固免疫系统。被试在之后的很长一段时间内，都会处于一种宁静的状态中，身体会释放出令人产生愉悦感、减缓疼痛的内啡肽。根据这一现象，心理学家提出了"助人快感"一词，用来形容助人带来的愉悦体验。

如果我们希望别人快乐，就要学会共情；如果我们希望自己快乐，也要学会共情。当我们以共情温暖他人的时候，受益者不仅是对方，这一行为同样也在滋养和帮助我们自己。共情，不是居高临下的恩赐，也不是装模作样的慈悲，而是一种根植于心的修养，也是一种朴素而美好的善良。没有共情扎根的心灵，是冷漠的，是冰凉的，是没有喜悦的。当我们愿意并有能力给予他人理解与帮助时，内心才能变得丰盈起来。

良好的亲子关系，胜过一切教育方法

个体构建心理基础和人生观、世界观的最重要的一步，是"我"是否被这个世界所接纳？如果一个人在成长的过程中，真实的情绪感受、真正的需求，不曾被很好地理解、接纳和满足，他就会躲在厚厚的防御机制里，与父母渐行渐远，与真实的自己渐行渐远，无法发展出对自己、对他人的共情能力。

近几年网络频繁曝出青少年自杀的事件，每每读到这样的报道，都不禁让我们悲从中来，扼腕叹息。对于这样的情况，许多人都在追问：现在的孩子怎么了？是不是缺少挫折磨炼？这只是表面的原因，更深层的原因是，他们不被共情，缺少爱与安全感。

从出生的那一刻起，孩子就在本能地去获得父母的认可与爱。有同理心和共情力的孩子，内心的温暖、安全感和自我价值感，都是从父母那里习来的。如果父母没有给予孩子足够的重视、及时的回应，以及必要的共情，孩子就会认为是自己不够好，是自己做错了。没有被温柔对待过，便没有机会习得体谅他人、理解他人的能力。自我攻击、自我惩罚，都是把愤怒和否定指向了自己，当这种否定和惩罚达到极限，就会发展成自我毁灭。

为人父母者，无不对子女心存一些期待，希望他们成长为更好的自己。为此，在孩子成长的过程中，也会竭尽心力地去引导和教育。初衷是好的，尽职尽责也没有错，问题在于用什么样的方式去教育？特别是在孩子做错事、犯脾气、看起来不那么可爱的时候，又用什么样的态度去对待他们？是厌烦、批评或指责，还是尊重、理解和信任？

综艺节目《少年说》里的一幕情节至今还萦绕在我的脑海：一个女孩声泪俱下地控诉自己的妈妈："你怎么总是拿我跟其他同学比较，为什么我的努力，你从来都看不到？"然而，妈妈冷冰冰地回应道："其实我一直在不断打击你，是因为以你的性格，不打击会飘。"女孩很委屈，一边擦眼泪一边表示，自己的性格不适合打击。可妈妈依旧坚持自己的想法："当你很强的时候，我觉得要拍你一下；当你很弱的时候，我觉得要推你一把。"女孩意识到，无论自己说什么，都无法获得妈妈的理解，便带着眼泪走下了台。

不可否认，这位妈妈在生活中很关注女儿的一举一动，也有望女成凤的期待。可是，这样的教育似乎有些冰冷，妈妈的关注点是孩子有没有比其他人更优秀，能否保持一个稳定的成绩，至于孩子的想法、情绪和感受，却从未被看见。

当女孩说出自己的心声时，妈妈一直在强调"当你……时，我觉得我要……"自始至终都是在说"我"，全都是从自己的角度和立场去诠释问题，没有一个字是在共情孩子。在整个的互动过程中，孩子所有的情绪和感受都没有被看见、被理解，所有的努力和优点都没有被认可、被肯定，她怎么能不委屈、不难过、不失望呢？

无回应之地即是绝境，得不到父母的回应，孩子的心犹如一座孤岛。父母与子女是世间最美好的相遇，父母为孩子好也无可厚非，但是相比"为你好"，孩子更想要的是"我懂你"，是发自内心的接受、理解与连接。当孩子得到父母深深的共情，感受到真正的被爱与被接纳，他才会有更多的勇气和底气去面对未来，过好自己的人生。如果不考虑孩子的想法和意见，却本着为孩子好的心意，强迫他们遵从自己的意志，其实就是赤裸裸的情感绑架。

共情孩子，意味着要尊重孩子的个性、能力和意愿，以善意理解孩子的观点及行为，而不是直截了当地否定或排斥。共情孩子，意味着要全身心地倾听，鼓励孩子说出真实的想法，不打断、不做价值评判，用心去体会孩子的感受，并给予相应的回应，让孩子感受到我们在听且听懂了。做到尊重与倾听之后，我们还要引导孩子正确地转化情绪，思考解决问题之道。

比如，当孩子写作业拖拉时，用批评和指责的方式去处理，只会让孩子的抵触情绪更强烈，甚至会和家长唱反调。此刻，我们不妨站在孩子的视角去看待这个问题，思考一下：为什么孩子不愿意写作业？他是遇到了困难，还是心里惦念着其他的事？从善意的理解出发，就可以跟孩子进行心灵上的对话，不带评判地去聆听他的真实想法，给予全然的接纳。

别小看这个过程，当孩子的感受、动机和愿望得到了共情后，他的情绪就会流动起来，释放出压抑在心里的负面能量。此时，再跟孩子去探讨行为问题，往往就能迎刃而解。因为在共情的过程中，孩子的思绪得到了梳理，他能够摆脱情绪的困扰，在理性的状态下思考问题，并根据自己的意愿作出处理问题的选择，如"我先玩半小时，再去写作业""我把没有掌握的部分重新学习一下""我希望妈妈陪着我做这件事"。

世界上多的是爱孩子的父母，少的是懂孩子的父母。爱，不仅是给予物质上的满足，纠正行为上的偏差，正如亚瑟·乔拉米卡利在《共情的力量》中所言："如果没有共情所赋予的相互理解和积极参与，爱就只是一个没有意义的简单词汇。共情，让爱有了高度、分量和平衡；共情是爱的血与肉，是它跳动的心脏，是它求索的灵魂。共情，让爱成为爱。"

共情的程度，决定了爱的深度

周六的上午，妻子睡到 7 点半就已经躺不住了，她起来收拾家务。到了 10 点钟，家里已经焕然一新，整洁有序，脏衣服也都洗净晾晒完毕。妻子轻轻打开卧室的门，看到丈夫依然在熟睡，转身退了出来，到厨房准备午餐。

忙活了一上午，转眼到了 11 点钟。此时，丈夫还在睡觉，妻子心里不禁有些失落，还夹杂着些许不满。她走进卧室，想叫丈夫起来吃午饭，不承想俩人却吵了起来。

妻子："该吃饭了，你还不起来？"

丈夫："我再躺一会儿，累。"

妻子："谁不累呀？又不是就你一个人上班？"

丈夫："周末多躺一会儿怎么了？"

妻子："那么多家务活呢，你说怎么了？"

丈夫："你要不愿意做，就放在那里别管，我起来再做。"

妻子："我什么时候不愿意做了？哪个周末不都是我在做？"

丈夫："我每天5点多就得出门，周末只想睡会儿觉，真是烦死了。"

妻子："你还烦了，我还烦呢！费力不讨好。"

这样的生活场景，我们似乎经常会瞥见，甚至曾经亲历过。从客观事实上分析，上了一周班的妻子，周末早早起来收拾家务、准备午餐，辛苦是自然的；同样，每个工作日必须5点多起来上班的丈夫，早出晚归也很疲惫，他希望周末能多补补觉，也在情理之中。两个人似乎都没有做错什么，为什么却吵了起来呢？

也许有朋友会说，是妻子的态度不好，开口就指责丈夫不起床，摆出了一副指责的架势。确实，妻子的沟通方式存在问题：一方面，丈夫早出晚归、忙碌奔波，身体上的疲累是客观事实，并不是想要故意偷懒，这样的指责会让丈夫感到很委屈；另一方面，妻子所说的话中，没有一句表达出了自己的真实需求。

我们都看到了，妻子并不是一早就催促丈夫起床，她 7 点半主动起床收拾家务、准备午餐，期间没有一句怨言。直到 11 点钟，一切就绪后，她才产生了失落与不满的情绪。这份失落和不满是什么呢？并不是因为丈夫起得晚，没有帮她分担家务。丈夫每天早晨 5 点多就要出门，上班路途是很远的，这也意味着他每天回家的时间不会太早。如此一来，两个人相互陪伴的时间就很少了。妻子很希望，周末两人都在家的时候，可以一起做点家务、聊聊天，在整洁有序的家里静下心来好好地吃一顿饭。渴望陪伴，才是她的真实需求。

在许多人看来，时间是冲淡感情的元凶，初相见的美好与亲密，随着岁月的推移变得越来越淡，甚至调转成了相爱相杀，或是形同陌路。明明也是众里寻他千百度，历尽千辛万苦才修得爱情的正果，怎么到头来却面目全非了呢？难道"七年之痒"是不可逃脱的宿命？

不，时间从来都不是问题的根源，真正消耗感情的是没有共情的爱。多少伴侣和夫妻相处多年，彼此心里都装着对方，真要放弃是难以割舍的，可在相处的过程中却是坎坎坷坷、矛盾重重，开口直戳对方的痛处，不是吵架就是冷战。他们不是不再相爱，只是这份爱里少了共情，这才是消耗感情的元凶。

在亲密关系中，双方的共情体验至关重要。我们需要真正感受和体会对方的情绪，了解对方的内心需求；同时也需要对方能够理解自己，感受到自己言行背后隐藏的真实需求。要做到这一点，不仅需要进入对方的世界去看待他的做法，还要及时觉察自己的情绪感受；不仅要表达出对伴侣的理解，还要澄清自己内在的需求，希望对方给予什么样的回应。

就上述的事例而言，我们可以体会一下共情沟通的情景——

妻子："是不是还挺困的？每周早出晚归，确实挺熬人的。"

丈夫："嗯，是有点儿累。你几点起来的？"

妻子："7点半，我收拾完了家务，也做好了午饭。"

丈夫："辛苦你了，平时上班，周末还要做家务。"

妻子："午饭已经好了，待会就凉了，要不先起来吃饭吧？"

丈夫："嗯，好。下午你想去哪儿玩吗？"

妻子："其实我还挺想去公园的，毕竟只有周末咱们才能一起出门，我也希望你多陪陪我。只是你每周都挺累的，要是不愿意动，我也能理解。"

丈夫："你说得也有道理，不能因为工作影响了生活。吃完饭我洗碗，然后咱们去公园走走，我觉得活动一下也挺好的，一直躺着没精神。"

在这样的沟通中，妻子和丈夫都看到了自己的需求和感受，也在用心去感受对方的情绪。共情式的对话，让彼此充满安慰、充满力量，感受到被理解、被接纳，以及深深地彼此相爱。

至此我们应当了解，开始一段亲密关系很容易，但要让亲密关系存续下去，愈发地持久弥香，却并不容易。为了永浴爱河，我们必须要培养共情力，这份共情会让我们产生患难与共、亲密无间的特殊感受，从而获得温暖又充满爱的滋养和力量。

高情商的核心，是拥有共情力

过去的很多年里，人们在衡量一个人的能力水平时，往往会把智商（IQ）作为一个标尺。然而，随着现代心理学的发展，人们发现，在人的智力商数以外，还有另外一个值得重视的参照元素，它就是情绪商数，也称情商（EQ）。

有些人天生聪颖，可在生活中一事无成，甚至把自己活成了孤家寡人，经济状况也很糟糕；有些人智商突出，却在人际交往方面一塌糊涂，遇到事情时没有任何人愿意帮他。尽管这些人在出身、地位、家境、受教育程度上不尽相同，但他们身上都存在着一个普遍的问题，那就是在情商方面有所欠缺。

很多时候，IQ 只能使一个人获得短期的成功，可人生那么长，想做一辈子的赢家，还得修炼情商。心理学家通过长期研究，把情商分为五个主要领域：

自我意识

自我意识是情商的基石，它能让人及时认识到感受的产生。了解自我的人，往往对生活有着更强的掌控能力；倘若无法注意到自身的真实感受，就只能听命于感受的操控。

情绪管理

在自我意识的基础上，管理好情绪也是一种能力。每个人都不可避免会遇到积极和消极的情绪，用什么样的方式去处理情绪，就会得到不一样的结局。沉迷于消极情绪中不能自拔，结果只能迷失自我，深陷痛苦的泥潭。

自我激励

情绪会影响人的心智，当陷入紧张、焦虑、恐惧中时，人会出现短暂的失忆，心理状况也会受到影响；而积极的情绪能够对人产生引导作用，让人在面对困境的时候，保持热情和乐观。

识别他人

通常情况下，人们用语言表达自己的感受，但很多时候人们却更偏重用表情、隐喻、动作来表达心情和需要。同理心强的人，可以及时地体会到这种表达，并且做出适当的回应。

人际关系

恰当地处理人际关系是一门技术，掌控他人的情感是处理人际关系的前提。擅长社交的人，能够很好地捕捉并掌控他人的情绪，受欢迎程度高，领导力和亲和力也比较强。

其实，情商高低的关键在于，能否准确地识别和管理自我情绪，能否设身处地地理解他人的情绪感受，借助有效的方式来进行沟通表达。简单来说，就是对自己、对他人有没有共情力！如果不了解自己的情绪和感受，就很容易去指责他人；如果不了解他人的情绪和感受，站在对方的角度思考问题，就无法给予对方真正需要的东西。

多数人在生活中都有过这样的感触：缺少共情力的人，总是喜欢以教导者自居，无论你遭遇什么样的难题，处于什么样的情绪状态中，他们全然不顾，只会滔滔不绝地跟你讲道理。面对这样的人，原本想说的话，瞬间就被堵在了喉咙里。如果对方和自己的关系比较亲近，这种做法就更令人感到心寒和痛苦了。

作家粥左罗说过："大多数情况下，你和你的爱人、同学、朋友、同事，都有类似的知识背景、经验背景，这种东西都有一定的圈层属性。也就是说，这个圈层里的常识性的道理和逻辑，大家都知道，用不着你讲。"是的，道理我们都懂，我们想要的是被人懂。

为什么高情商的人总是受欢迎，走到哪儿都自带光芒？原因就是，在同样的情境下，他们不会去跟你摆道理，而是会共情你的感受：在你悲伤和痛苦时，他会递一张纸巾，给一个拥抱，默默地陪在你身边；在你犯了错误时，他不会指责你粗心大意，而是会说"我能理解你现在的自责，但我们都不是圣人"；在你冲他发脾气的时候，他依然会选择共情你："对不起，我处理这件事时忽略了你的感受，让你感觉不被重视，我以后会注意的"。

人与人相处，不是各唱一出独角戏，而是彼此之间言语和心灵上的互动。共情是实现互动不可缺少的心理机制，倾听、理解远比给建议更重要。当人们选择沟通的时候，并不是想要寻找答案，而是想获得情感上的接纳。正如丹麦心理咨询师伊尔斯·桑德在《共情沟通》中所说："给予一个人足够的倾听、积极关注、共情，他自己会疗愈自己，自己找出办法来。"

我们所感受的世界，都是经过自身系统过滤后的景象，只是真实世界的一部分。这就意味着，由于看待事物的角度不同，我们与他人之间必然会存在意见分歧。当双方意见不一致时，争论对错除了会伤害感情再无其他意义，真正的高情商行为是先共情、再否定。

比如在职场中，小组同事提出新的想法和建议，而你并不认同。这个时候，不要立刻否定，先对同事的想法表示肯定，指出其优势所在，肯定对方的出发点和动机，再委婉地提出自己的意见和看法。这种先肯定、后否定的表达，既让对方感受到了被尊重、被认可，又能顺利传递出自己的想法。

生活中的很多争吵与误会，都是在沟通上出了问题，不懂得站在对方的角度去思考问题，不能体验别人的内心世界，感受别人的情感与思维。为什么和高情商的人相处起来心不累？就是因为他们善于共情，在让自己舒适的前提下，也让别人感到舒适。当我们有意识去培养自己的共情力时，我们都可以成长为一个自带阳光且令人放松的人。

2

PART 02

内 省

共情，我们真的做对了吗

"有时，为了明白某些事物是什么，
你需要辨别它不是什么。"

共情≠同情：有些安慰很伤人

　　无论我们多么努力，多么小心翼翼，人生总有些苦难是无法避免的，离别、丧失、病痛是属于所有人的必修课。从情感上说，谁都希望自己的苦楚能被看见、被理解；从理性上讲，有90%的安慰都是没有营养的，甚至像从一个模子刻出来的："想开点儿""都过去了""别太小心眼"……我们知道，有些事情在某一刻，就是想不开，过不去，也原谅不了。

　　朋友燕子出车祸截肢后，有人安慰说："怎么不小心点儿呢？"这是安慰吗？听起来更像是补刀，给人撕裂挂血的伤口上浇一瓶子酒精。那轻描淡写的安慰背后，总有一股子幸灾乐祸和看热闹的腐臭味。这样的安慰很伤人，只是多数当事人出于教养不能让说话者闭嘴。

　　处在康复期的时候，燕子偶尔会在朋友圈里发一些自我调侃的碎片动态，然后就有人不断地称赞"你真是挺坚强的"，看似是在点赞鼓励，其实并没有走进燕子的内心。既然选择了活着，坚强不坚强都是没意义的，因为你无法选择，活一天就是坚强，至于真假别去探究，谁还会把心里的苦水拿出来，像雨水一样撒向人间呢？

如此说来，是不是难过的时候，就得一个人扛着，扛到天昏地暗，扛到撕心裂肺，像彻底死过一回之后，再绝地逢生，凤凰涅槃？当然不是。没有人是一座孤岛。任何的伤痛，都需要在关系中疗愈。关键是，你选择跟什么样的人去倾诉？而倾听者给予的回应又是什么？

有些安慰之所以无效，甚至令人反感，是因为安慰者像个置身事外的旁观者，对当事人经历的一切指手画脚，发表怜悯和同情。难过痛苦的时候，我们需要同情吗？

不，我们不需要被谁同情，被谁可怜，我们需要的是共情。

同情，是站在我的立场看你的问题，觉得你可怜，安慰安慰你。其实，每一个痛苦的当事人，都用不着别人提醒他有多可怜，他能够深刻地感受到自己的不幸。有一个人同情他，他的痛苦就会加一分，同情多了，他也许就彻底崩溃了。

这就好比，你掉进了井底，眼看着天要黑了，却怎么也爬不上去。一个接一个的路人看着在井底绝望的你，叹着气说："怎么这么不小心呢？""哎，真够倒霉的……"这就是赤裸裸的同情，伤人的同情。在同情者的面前，难过、脆弱、无助的我们，就像是被围观的"小丑"，想找个地洞钻进去。

共情，是"站在你的立场去看你的问题，将心比心，感同身受"，与当事人的感受、情绪连接，让他的内心被看见、被理解，从而释放出一部分的痛苦。就像在你落入井底的那一刻，有一个人对你说：

"我知道你现在很害怕，很无助，我能理解你的感受，我会和你一起想办法，你再坚持一会，营救人员马上就来了……"

曾经有公众号做过这样一期话题：人在什么时候最孤独？很多朋友分享了自己的看法和故事，尽管内容不同，可多数人的感受是一致的：不是身边有人陪着就不孤独，而是内心最深刻的体验、最痛苦的部分，没有人能够与自己的灵魂产生联结。

网友素素说："直到现在，茜茜也不知道我为什么会跟她渐行渐远，甚至把她从为数不多的朋友中彻底删除，不再来往。说我当时冲动也好，小心眼记仇也罢，我都不在乎。我只是觉得，在自己最脆弱无助、最难以启齿的时刻，把她当成了信任的对象，告诉她我的经历，可她回应给我的，连安慰都算不上，而对她自己的一通标榜，隐约带着一点庆幸她自己明智的意味。那么有才情的一个人，与我平日也算交心，却在那一刻让我彻底绝望。"

在消息的互动中，素素告诉我，她婚后发现丈夫及其家人隐瞒了一个重要的秘密：丈夫患有尿毒症且已经在做透析。这件事对她的打击很大，多重情绪缠绕着她：第一，感觉自己上当受骗了，她和丈夫是相亲认识的，而婆家人一开始就没有把真相告诉媒人；第二，她和丈夫已有感情，此时进退两难；第三，难过和自责，觉得自己很倒霉，遇到这样的事情，也责备自己太过粗心，没有及早发现问题就选择了结婚。

在素素看来，密友茜茜算是一个有点儿想法的女子，故而就选择了向她倾诉。没想到，茜茜听后却说了一句："怎么婚前没有做一个体检呢？结婚的计划也是太仓促了"，而后就开始说，她很不愿意去医院，也惧怕去医院，将来要找伴侣时，一定要找一个能照顾自己的人……素素关闭了对话页面，她感觉自己的心被捅了一刀，也把茜茜从心里彻底移除了。

在人生的艰难时刻，素素需要的不是补刀式的同情——"你真不幸，要是早点发现就能避免了"，这样的安慰不是安慰，是更进一步的伤害。她需要的是有一个人能够深刻地理解她的处境和复杂的情绪，让她觉得自己没有被这个世界抛弃，还有人懂自己的感受，知道自己经历的辛苦与不易，理解她的煎熬、自责与恐惧，激活她内在的勇气，去接纳和直面现实。

如果某一天，有人鼓起勇气向你述说他内心的烦恼和痛苦，不要劝他说"想开点"，也不要安慰他说"真是不幸"。你只要用心地听着，让对方知道，他内心里所有好的、坏的、美的、丑的、善的、恶的想法都是被允许的，都有人能够听懂、能够接纳它们，不会站在道德的制高点去指责他、评判他，更不会试图用大道理去说服他、改变他，就已足够。在这个过程中，看似你没有为他做什么，可对他而言，你已经给了他最需要的东西。

共情≠怜悯：谁也不喜欢被可怜

打开微博或头条，会瞥见一些美好的情景，也会读到一些悲伤的情绪。看到别人遭遇了人生意外，或是饱受身心疾病的折磨，不少网友会在下方留言，而我们也总能在评论区里看到这样的字眼："真的是太可怜了""一定可以渡过难关""要珍惜眼前的生活""多陪陪家人吧""明天和意外不知道哪一个先到来"。

我们能说这些网友不善良吗？不，他们已经对网络上的陌生人抱有了最大的善意，因为能感受到对方的处境和痛苦，也愿意耐心地打出一些文字来表达对发帖者的安慰，以及对同类事件的感悟。只不过，这些声音对于发帖者而言没有任何帮助，许多发帖人根本不愿意去看评论，甚至选择禁止评论或删帖。因为这些话语里没有共情，只有怜悯。

什么是怜悯呢？就像是乞丐衣衫褴褛地在路边乞讨，路过的人们用眼睛上下扫了他一眼，从兜里掏出一元钱扔进乞丐的衣钵，而后扬长而去。这些路人觉得乞丐很可怜，处境堪忧，主动给予了施舍。可在做这件事情时，他们的内心却有着潜台词：怎么能把生活过成这样？要是孩子在旁边，还可能会以此为负面教材来点评：不好好读书，就是这样的下场！你想变成他这样吗？

共情，是能够想象自己置身于对方的处境，并体会对方的感受的能力。怜悯则不同，它是对他人的不幸心有不忍，却没有把自己和对方置于平等的位置上，而是带着一种优越感去给予安慰和帮助。

关于怜悯与共情的差别，我们可以透过电影《触不可及》获得更清晰的认识。这部电影拍摄于2011年，是根据菲利普·波佐·迪·博尔戈的自传《第二次呼吸》改编的，讲述了一个高位截瘫的白人富翁与一个来自贫民窟黑人护工之间的故事。

白人富翁菲利普，因为一次滑翔伞事故导致高位截瘫，生活无法自理，需要找一位全职陪护来照料他的起居。由于薪水很高，不少专业陪护前来应征，每个人都极力地展示自己的优势，希望能够脱颖而出，获得这份工作。然而，菲利普对这些人都不满意。

直到一个名叫德瑞斯的黑人前来应征，菲利普对他产生了兴趣。德瑞斯曾经进过监狱，他不是真的想要得到这份工作，而是为了凑齐3个拒签来领取失业救济金。所以，他没有刻意营造第一印象，完全以真性情示人，言行举止都昭示着：这是一个生活在底层社会的人，没有良好的素养，更不具备专业的陪护技能。但是，菲利普却选择留下了他。

对于菲利普的决定，身边亲近的人都感到费解，为什么要在那么多优秀的应聘者中，选择一个看起来最不靠谱的人？菲利普的理由很简单，却也道出了他真实的处境和感受。

作为一名上层社会的富翁，菲利普身边的工作人员和亲人，把他照顾得细致有加。可是，他们在内心深处，始终把菲利普看成一个残疾人，一个生活无法自理的人。可是，德瑞斯对他没有差别对待，他不伪装，也不谄媚，言行举止里没有凸显任何的小心翼翼，对菲利普完全不存在同情与怜悯。在他看来，菲利普就是一个正常人，只是不能自由活动而已。

在后来的朝夕相处中，德瑞斯的粗心大意，制造了不少笑话：电话响了，他总是把电话直接递给菲利普，完全忘了菲利普根本不能动；要开车出门，让菲利普直接坐在副驾上，跟他一起兜风；菲利普讲解画道时累了，想吃巧克力，德瑞斯肆无忌惮地开玩笑说，没有手臂就没有巧克力，根本没有把残疾当成忌讳的话题，似乎菲利普和残疾没有关系。

德瑞斯所做的一切是无心的，完全是真性情使然，但这恰恰是菲利普最想要和最需要的。虽然他身体无法动弹，可他并不想被人可怜和差别对待。尊严是他心中不可被侵犯的一方净土，他渴望周围人能够像德瑞斯这样，把自己当成正常人一样看待。

某天深夜，普利普呼吸急促，感觉要透过不气。了解到这是药物的副作用后，当菲利普再次急喘时，德瑞斯立刻带着他出去透气，欣赏凌晨4点的巴黎。这一次，德瑞斯的行为是主动的选择，他进一步地了解了菲利普的病情，也感受到了无论何种肤色、何种身份地位，疾病给人带来的痛苦与无助是一样的。

在共情的连接中，菲利普把自己的心理状态完全呈现在德瑞斯面前，他说："我真正的残疾并不是坐在轮椅上，而是失去心爱的妻子，我们曾经相伴 25 年。"德瑞斯完全理解，即便是一个高位截瘫的人，也同样需要情感的慰藉。这样的互动，把两人的关系再度拉近，友情的种子开始悄悄萌芽。

通过一次画展，德瑞斯开始对画画产生兴趣，并开始练习作画。菲利普了解到，德瑞斯画画就是为了卖钱，虽然他不认同德瑞斯的观念，却没有加以评判，他不能要求与自己出身、地位、成长环境、受教育程度完全不同的德瑞斯，拥有和他一样的价值观。同时，他更没有因为可怜德瑞斯家境不富裕而施舍给他钱。带着尊重与理解，他选择帮助德瑞斯去实现愿望，将他的画出售，卖了 11000 欧元的高价。

尊重是无差别的对待，懂得是最深切的关怀，这是一部关于友情的电影，也是一个教会我们如何与人相处的故事。无论身陷何种境遇，无论身份、地位、财富多么悬殊，都不要用怜悯对待他人。人生而平等，没人愿意接受居高临下的施舍，怜悯不是爱，尊重和平等才是。

最后，让我们一起铭记这段忠告："每一个人的内心里都有一片芳草地，用自己的努力去维护这片芳草地不被侵袭和践踏。可是，当我们对别人表达怜悯的时候，很可能就是我们伸出了剪刀，去剪掉别人内心里那片叫作尊严的枝丫。"

共情≠比惨：苦是无法用来比较的

刚生完孩子的那段时间，卢珊并没有沉浸在成为母亲的喜悦中，相反，她整个人都显得很消沉。尽管家里雇佣着育儿嫂，可她还是要承担夜里给孩子喂奶的责任，一向贪睡的她，因为睡眠不足总感觉疲惫不堪，黑眼圈无法消退。望着粗了两圈的腰和下垂的腹部，她更是烦躁不安。

丈夫正在筹备公司的业务拓展计划，每天早出晚归，有时干脆住在公司。即便是在家，他也是倒头就睡，和卢珊之间的沟通变得越来越少。卢珊觉得，整个生活都因为有了孩子发生了巨变，她经常向丈夫发脾气，而丈夫有时并不知道原因，就觉得她莫名其妙、不可理喻。碰到这样的情况，他干脆两三天都以忙碌为由，在公司里躲清静。

无处发泄的卢珊，想吵架都找不到人。她打电话给朋友，想倾吐一下自己生产后的这些烦心事，可是话还没说几句，朋友就回应道："你呀，就是不知足！谁带孩子都很辛苦，你这已经不错了，不用操心赚钱，家里还雇着育儿嫂。像我们这样的，什么事都得自己干！你不知道，我女儿小的时候，我每天都要在公司给她背奶……"

卢珊不好意思直接打断朋友的话，但她其实已经听不进去了，最后只好以一句"看来都不容易"挂断了电话。那一刻，卢珊比没有倾诉之前更难受，因为朋友没有像她预期的那样给予理解、安慰和帮助，反倒是让她接收了更多的负能量，话里话外都透着指责——"比你不容易的人多了，你这根本就不叫事，完全是好日子不得好过，太矫情了！"

也许，朋友的本意是想让卢珊知道：多数新手妈妈都经历过这样的阶段，而她们的处境比卢珊更艰难，也更辛苦。试图通过对比，让卢珊把自己的痛苦缩小，获得心理上的平衡。

很多人在生活中都会选择用这样的方式来安慰他人。听到别人诉苦，就把自己的陈年旧账、悲惨往事也倒出来，很自然地附上一句："你不知道，我那时候……"希望对方能够知道，我们也经历过这样的艰难，甚至比对方更痛苦。

这样的做法有用吗？看到卢珊的状态，我们就知道答案了。

当一个人向我们倾吐烦心事时，他是在诉说自己的感受。这个时候，如果我们把话题转移到自己的经历上，开始跟对方"比惨"，那么对方会感觉到，他没有被真正地倾听，我们没接收到他正在经受痛苦并渴望倾诉的信号，似乎他的感受是不值一提的。这样一来，原本积压了一肚子的苦水，还没来得及倒，就只能憋屈地咽下去了。

共情，要求我们用心倾听，把所有的注意力集中在倾诉者的身上，体会对方的感受，看到对方真正的诉求。比惨不是共情，它是以自我为中心的，是把注意力从对方身上转移到自己身上，硬生生地切断了对方的倾诉与表达。这样的"安慰"不仅是无效的，还会给倾诉者造成更大的心理伤害，强化负面的想法——"没有人能理解我，说了也没用"。

退一步说，比惨没有任何意义，也没有必要。

鲁迅先生写过这样一番话："楼下一个男人病得要死，那间隔壁的一家唱着留声机，对面是弄孩子。楼上有两人狂笑；还有打牌声。河中的船上有女人哭着她死去的母亲。人类的悲欢并不相通，我只觉得他们吵闹。"

读起来有些悲凉，却也道出了现实，人类的悲欢并不相通。活在世上，每个人都会遇到自己的难题：有人经受婚姻的苦，有人经受病痛的苦，有人经受物质上的匮乏，有人经受精神上的折磨，谁也无法对这些苦难进行排序。同样，每个人看待事物的角度、价值评判的标准也不一样，在你看来不算事儿的遭遇，对另一些人来说却是难以承受的打击。

人生中的苦，谁也没有办法做评价，更无法定论它究竟算不算苦，够不够苦？同样一种苦，其程度、性质以及造成的后果，也不尽相同。所以，苦不苦，唯有当事人说了算。

当别人向我们诉苦时，无论有没有经历过类似的苦难，都要尽量做到认真倾听、换位思考，让对方释放压抑在心底的情绪。不要和对方比惨，那是我们的经历和感受，也隐含着我们的看法与认知，不必将自己的意志强加于人。即便是我们渴望得到对方的共情，也要选择恰当的时机。当一个人没有处理好自己的情绪时，他的共情能力会受损，没有足够心理力量再去给予他人需要的理解与关爱。

人类的悲欢并不相通，所以才更需要共情。不要只觉得他人吵闹不堪，没有谁能够孤立地活一生；也不要试图用自己的苦去稀释对方的苦，因为苦无法比较。学会站在对方的世界去看待他的经历，用心去感受他的感受，艰难的处境不会瞬间化为乌有，可这份珍贵的懂得与抱持，却能给予对方直面艰难的力量。

共情≠说教：没有共情就没有连接

2021 年秋季开学后不久，在送女儿到学校门口时，有个刚上一年级的小女孩拉着妈妈的衣角号啕大哭，说什么也不肯进校门。孩子撕心裂肺地哭着，身上背着一个大号的书包，看起来瘦弱无助。不少家长和孩子都注视着这一幕，想看看究竟要怎么解决？

保安大叔出于好意，就跟孩子说："赶紧上学吧，你看大家都进去了！"孩子的妈妈看起来很生气，她冲着孩子吼道："你赶紧进去，天天地闹这一出，我还得去上班，你放开我。"一边说，一边拽开孩子拉扯衣角的小手，向校门的方向推搡孩子。

小女孩哭得更厉害了，此时保安大叔和周围的一些家长，开始给孩子讲道理——"谁都得上学啊""你都是小学生了，不能再像小孩那样了""你这样拉着妈妈，她怎么去上班呀"，然而这些话对孩子来说如同空气，她完全控制不了自己的情绪。

这个时候，小女孩的妈妈愤怒地吼了一句："你爱去不去，我走了。"说完，竟然真的骑着车走了，任凭孩子在原地哭泣……我送完孩子就离开了，不知道这位妈妈之后有没有再返回来，也不知道小女孩那天有没有顺利地上学，但这件事在我心里萦绕了很久。

在面对孩子的不良行为时，不少家长的第一反应是生气和愤怒，试图用批评和斥责的方式让孩子长教训；许多置身于教育一线的教师，也会与孩子推心置腹地谈话，想通过晓之以理的方式去改变学生的行为。可是，这些方法在实际的教育中并不是那么好用。

为什么单纯的说服教育效果不尽人意呢？

我们都有过类似的体验：今天心情不错，就算遇到麻烦事，也能一笑而过；今天心情很糟，做什么事都提不起精神，甚至很容易就迁怒于他人。这就说明，人的行为会受到自身情绪的影响。

对孩子的行为进行教育时，如果不关注孩子的情绪感受，上来就摆事实、讲道理，孩子是听不进去的。因为他还沉浸在自己的负面情绪中，大脑出于非整合状态，负责思考的部分已经无法进行有效的工作。此时，无论什么样的道理，他都很难听进去；就算听到了，也很难理解和消化，更不要说心悦诚服地做出改变了。

讲道理的时候，师长和孩子的地位往往是不平等的。一旦开启了说教模式，再有用的道理听起来也是枯燥乏味的，孩子会觉得"你根本不理解我"，继而萌生抗拒和逆反的心理，比如爆发更多的负面情绪，冲老师和家长发脾气，和同学斗殴，或是旷课、逃学等。当这样的情形重复发生，慢慢地就会演变成一种自动化的反应模式。

任何行为的背后，都隐藏着动机。当孩子表现出行为问题时，我们要去挖掘内在的动机，了解他们为什么要这样做？为什么会出现这样的问题？认识到动机，才能够理解孩子的行为，与孩子建立心灵上连接，让他们把真实的想法和感受宣泄出来。

女儿刚上一年级时，有一天夜里10点多，我隐约听见她的房间里有声响。走进卧室后发现，女儿竟然坐在床上，黑着灯在 iPad 里寻找睡前故事。我以前跟她重申过很多次，黑着灯看 iPad 对眼睛的伤害很大，千万不要这样做。所以，看到眼前的这一幕，我第一反应也是有点儿生气，涌起了想要说教的冲动。庆幸的是，我忍住了。过往的一些经历告诉我，训是浪费时间，解决不了问题。

我："你怎么还没睡觉呀？"

女儿："我睡不着。"

我："睡不着是挺难受的，所以你想找个故事听，是吗？"

女儿："嗯。"

我："你刚才睡不着的时候，在想什么呢？"

女儿："我明天不想去上学。"

我："不想去上学，能说说原因吗？"

这么一问，女儿竟然哭了起来，我赶紧搂住她。或许是在家人的怀里感觉到了安全，她哭得更凶了。我知道她在宣泄情绪，就用手轻拍着她的后背。过了一会，她的哭声小了下来，情绪也平复了一些。

我："发生什么事情了吗？"

女儿喘了两口气，说："今天……今天……老师说我了。"

接着，女儿向我讲述了当天在学校里发生的事情，她用橡皮在课桌上用力地擦着玩，结果弄了一地的橡皮屑，被老师批评了。她平时在学校的表现还算不错，这是第一次被老师批评，心理上有点难以接受。同时，她也害怕自己会因此不再被老师喜欢。

我对女儿的心情和担忧表示理解，也共情了她的感受。当她的情绪全部得以释放后，我跟她谈了用橡皮擦着玩是一种浪费的行为，又澄清了老师批评的是她的错误行为，并不代表不喜欢她这个人。至此，女儿放下了心里的包袱，我陪她在床边躺了一会儿，她便睡着了。

无论是纠正孩子的行为问题，还是安慰成年人的情绪，摆事实、讲道理都不是一个好办法。没有共情的说教犹如一把剪刀，会在无意中切断与对方的连接。在处理问题之前，先要做的是处理情绪，听听他们的述说，了解他们的感受，给予充分的共情。当他们的负面能量得到释放和宣泄，并感觉与你沟通是安全的，你可以给予他们抱持与理解时，再与他们一起探讨行为背后的原因，识别不合理的信念，引导他们树立正确的认知，调整错误的行为方式。

共情≠投射：停止主观臆断的假想

1918 年，苏联电影工作者库里肖夫为了研究美国电影之父格里菲斯的剪辑手法，对俄国著名演员莫兹尤辛在一些旧电影中的镜头片段进行重新剪辑。

库里肖夫将莫兹尤辛一个面无表情的镜头，分别与一碗汤、一个游戏的孩子、一个老妇的尸体连接在一起。随后，他将这组镜头放给观众看，观众对于莫兹尤辛呈现出的那个表情，给出了完全不同的解释：面对一碗汤时，他在沉思；面对游戏的孩子时，他很愉悦；面对老妇的尸体时，他很悲伤。然后，观众们不由得称赞莫兹尤辛的演技真是太高超了。

随后，库里肖夫又进行了一项实验。他特意拍摄了几位不同女性的近景镜头，如眼睛、鼻子、耳朵，然后将这些来自不同女性的五官画面剪辑成一个片段，再播放给观众看。结果，观众们认为，这些镜头里呈现出的部分都来自同一位女性。

通过实验，库里肖夫意识到，造成观众情绪反应的不是某一个镜头的内容，而是不同画面之间的并列。至此，他也揭开了电影表现艺术的一个惊人秘密：相比演员的行动，观众对演员行动的反应更为重要。

这一实验引起了心理学家的兴趣：为什么在不同的情境下，观众对于演员的同一表情存在不同解读呢？他们从心理学的角度进行分析，发现这是观众把自己的想法和情绪投射到了画面中，为演员的表演赋予了更多的情感成分。

其实在现实生活中，面对同样的情境，不同的人也会产生不同的情感，因为人们看到的只是自己想象中的情感，是自己内心世界的投影。正因为有主观投射的存在，很多时候我们对会他人的情绪感受作出错误的判断。

艾米："昨天，我父亲去世了。"

吉姆："生老病死不由人，你一定很难受吧？"

艾米："我没什么感觉，已经快 20 年没有见过他了，他很早就抛弃我和妈妈了。"

吉姆："原来是这样……"

艾米向吉姆说出父亲去世的消息时，吉姆出于好意安慰艾米，说生老病死不由人，并且尝试"共情"艾米的内心感受。遗憾的是，这并不是真正的共情，而是主观投射。吉姆想当然地认为，所有人都会因为父亲的去世而感到伤心难过，之所以会有这样的想法，可能是他把自己代入了"丧失父亲"的境遇中：如果我父亲去世了，我一定会很难过的。

可是，个人认知与感受并不能替代他人的体验，人与人的成长经历不同，所面临的处境也不一样。想给予对方真正的共情，需要融入对方的世界，理解对方正在体验什么？主观臆断地给予安慰，甚至做出一些自认为有益的"利他行为"，对别人也许也是一种灾难。

欧·亨利的短篇小说《女巫的面包》，就讲述了一个很有代表性的例子。

玛莎小姐是一位富有同情心的女子，40 岁依然孑身一人，但她自己经营着一家小面包房，银行里也有存款。有段时间，一位说着带有浓厚的德国口音英语的男士，每周要光顾两三次面包房。他穿着破旧褶皱的衣服，上面还带着补丁，但是外表很整洁，也很有礼貌。他每次来面包房，都只买两块陈面包。

这位男士引起了玛莎小姐的注意，有一次她无意间瞥见男士的头发上沾着一点红棕色的油漆，就断定他是一个生活拮据的画家，并想象着他在阁楼上一边绘画一边吃着陈面包，想着自己面包店里的那些美味甜品。为了印证自己的猜测，玛莎小姐特意在货架上摆了一幅油画，看那位男士是否会留意。果不其然，男士对这幅画进行了一番点评。

每次来面包店，男士都只买陈面包，玛莎小姐的同情心开始泛滥。她很想给男士加一些好吃的东西，却又怕伤害他的自尊心。于是，她想了一个办法，当男士再次购买陈面包时，她给他的面包里偷偷塞了不少的黄油，并暗自期待男士发现后会惊讶和感动，然后开始一段美丽浪漫的爱情故事。

结果怎样了呢？男士有被感动吗？不，男士大发雷霆，怒气冲冲地跑到面包店，痛斥玛莎小姐——"你毁了我！"他不是穷困潦倒的画家，而是一位建筑制图员。他买陈面包根本不是用来吃，而是用来替代橡皮擦铅笔线条的。没想到，辛苦画了3个月的设计图，眼看就要大功告成，却被玛莎小姐的爱心黄油变成了一张废纸。

人本主义心理学派的代表人物罗杰斯指出，共情是一种体验别人内心世界的能力。可是，别人的内心世界里有什么？藏着怎样的伤痛和秘密？正在为哪些事情感到困惑？我们很难透过外表或事件作出准确的判断，这需要别人告诉我们。在不清楚事情全貌的情况下，不能凭借主观臆断去下结论，更不能因为出于好意贸然做出自认为的"利他行为"。这样的做法不是共情，而是以自我之心，度他人之腹。

3

PART 03

倾 听

耳朵是通往心灵的路

"去倾听生命中另一个人的灵魂故事，

去听他向你展露自己，去发现背后的故事，

这可能是一个人能对另一个人所做出的最伟大的付出了。"

永远不要假设自己知道对方想说什么

妻子："这都几点了，你才回来？"

丈夫："孩子还发烧吗？"

妻子："现在不烧了，要等你回来再去医院就晚了！"

丈夫："今天有一点突发状况……"

妻子："行了，我知道你要说什么，闭嘴吧！"

丈夫："你知道什么？！"

妻子："就你们公司的那些破事呗，没新鲜的。"

丈夫："我也知道，不能指望你嘴里说出什么好听的话。"

妻子："你做了什么值得人说好话的事呢？这两年里，有多少

次……"

……

类似这样的情景，我们都曾在生活中瞥见过，甚至亲身经历过，特别是在跟亲近的人沟通时，发生的概率会更大。不得不说，这种模式的沟通很伤感情。双方都想证明自己是对的，于是在对方刚一开口就抛出"我知道你要说什么"的炮弹，试图占据上风。

这种感知方式是很危险的，它完全把共情驱逐开外，以自我为

中心去看待所发生的事件，并假设自己已经知道对方会说什么，来揣测对方的言行。结果，这一设想又会进一步激化现有的矛盾，让误解持续下去。

透过上述的对话，不难看出，妻子和丈夫都没有做到共情式倾听，没有去体会对方的感受，看到言语背后的真实需求。当丈夫回家后，妻子开口抱怨"这都几点了，你才回来"时，她其实是想让丈夫明白：孩子生病了，她独自一个人带孩子去医院看病，身心太疲惫了。她特别希望，这个时候丈夫能够在身边陪着她，和她一起照顾孩子。

然而，丈夫是怎么回应的呢？他根本没有回应妻子的需求，而是直接跳过了妻子的话题，开口询问"孩子还发烧吗？"妻子发出的信号没能得到回应，自然是不甘的，她告诉丈夫"现在不烧了"之后，再一次强调"要等你回来再去医院就晚了"。遗憾的是，丈夫还是没能听见妻子的内心需求，他迫不及待地进行反驳，说了一句"我也想早回来，你不了解……"

这个时候，妻子已经不耐烦了，立刻抛出了"我知道你要说什么"的读心术式回应，以此让丈夫闭嘴，从而证明自己是对的。到这个时候，如果丈夫能够醒悟过来，让妻子知道，他有尽力在倾听她的心声，并回应道："我知道，孩子生病了你很着急，一个人带着他去医院也很辛苦。很抱歉，这个时候我没能陪着你，让你觉得挺无助的，我也确实没能在今天你们最需要我的时候，尽到一个丈夫和父亲的责任。我希望能有机会跟你解释一下，今天公司的一位员工在单位得了气胸，情况比较紧急……"如此的话，争吵就会被叫停。

同样，当丈夫提到"今天有一点突发状况"时，如果妻子能够把"突发状况"听进耳朵里，就可以给丈夫一个解释的机会。很遗憾，她也没有这样做，而是扯出了一连串的负面回忆作为证据，试图证明都是丈夫的错。

亚瑟·乔拉米卡利曾说："第一次见到一对新夫妻时，我就能判断出他们将会经历什么。我的判断基于他们有没有从对方角度去理解的能力，以及他们是如何用自己的方式去接受困难并承担相应的责任。"无论是夫妻关系还是其他的情感关系，不懂倾听、相互谴责都是毁掉一段关系的重要因素。如果双方始终维持"错不在我，错在对方"的谴责态度，彼此的关系很难得到改善，还有可能瞬间引发冲突。

想要打破这种相互谴责的沟通模式，最重要的一点就是：不要用自己的方式给某件事下论断，也不要假设对方与自己的观点相同，因为事实可能并非如此。如果我们不放下自己的想法，总是带着自己的经验去倾听，共情能力就会被削弱。

在这样的状态中，我们还会产生一种错觉，认为自己很了解对方，掌握了对方的所有信息，其实这是一个错误的判断。只有用共情倾听的方式去感知事情的真相，并在相互理解的基础上达成一个满意的结果，才能够平复彼此的情绪，用基于事实的共情能力来分辨事实、表达真相，从而相互理解、促进关系。

没有人不想倾诉，只是害怕不被理解

为什么多数的安慰无法起到缓释情绪的效用？为什么许多人宁愿独自舔舐伤口，也不愿意将内心的苦痛诉诸于人？看过下面的这段文字，你也许会有同感：

"每一个不敢倾诉的人，都有一段被误解的过往。你对他说'想你'，他只是敷衍地回应了一个'嗯'；你跟他分享今日的快乐与难过，而他却头也不抬地只顾忙自己的事。慢慢地，你变得不敢去说，因为你不想再把自己的脆弱暴露出来了，因为你知道，他其实没有想象中那么在意你。他没有走过你走过的那些曲折，所以他不懂你为何会委屈；他也没有像你一样思念过一个人，所以他不懂你为何要一直不停地发消息；他也没有经历过孤立无援的时刻，所以他不懂你为何想要一个坚实的依靠，又为何如此期盼一个温暖的拥抱。"

归根结底，不想倾诉，只是因为害怕得不到共情。这还不是最艰难的，当脑子里的所思所想、内心的真实感受，被他人以同情、怜悯来回应，或是遭到他人长篇大论的指责、批判或纠正时，痛苦非但不会减少，还会增加一层"我就不该说出来"的自责与悔恨。

尽管在生命的联结上，我们有着与生俱来的共情天赋，但要真的把共情做对、做好，让它发挥出应有的效用，却是需要后天不断学习和练习的。因为人与人之间的沟通，不只是词汇的交换，更是一种情绪的交融。我们要认真倾听对方说了什么，更要把对方的情绪和感受作为聆听的重点，这是为对方充分表达痛苦创造条件。

所以，踏上共情学习之路的第一步，就是学会共情式倾听，即"把自己的生活拓展到别人的生活里，把自己的耳朵放到别人的灵魂中，用心去聆听那里最急切的喃喃私语。"

当然了，这并不容易，就像法国作家西蒙娜·薇依所说："倾听一个处于痛苦中的人，不仅罕见，而且非常困难。那简直是奇迹，那就是奇迹。有些人认为他们可以做到，实际上，绝大部分的人还不具备这种能力。"

在他人遭遇痛苦时，我们通常会急着给对方一些建议、安慰，或表达我们的态度与感受，试图让对方好受一点儿。但这并不是共情，在安慰他人或者提建议之前，我们需要看看那是不是对方想要的？

当一个女孩对你说"我觉得自己长得很丑"时，如果你对她说"你需要客观评价自己""你长得并不丑"，她会觉得你根本没有听见她在说什么，也没有理解她真正的感受。真正的共情是，你要让她知道，你听见了她的声音："你对自己的形象感到很失望，是这样吗？"

其实，不只是普通人会选择在周围人感到痛苦时急于采取行动，不少从事心理咨询或热线服务的人员也会这样做。马歇尔·卢森堡博士在《非暴力沟通》中提到，他曾经在一次研讨班中，询问过 23 位心理医生同一个问题：如果向他们求助的人说"我要崩溃了，我找不到活下去的理由"，你会有怎样的反应？在所有的回答中，最常见的反应是"这种想法是从什么时候开始有的"。不难理解，这些心理医生是希望通过收集更多的信息来分析和解决问题，可事实上，这样的反应妨碍了与对方的联系。当我们只关心别人说什么，并考虑他的情况符合哪种理论时，我们并没有在倾听他们。

共情式倾听，需要放下已有的想法和判断，全神贯注地体会他人的信息。有一句格言恰如其分地描述了这种状态——"不要急着做什么，站在那里"。收起以自我为中心的表达欲，停止让下面的这些言行妨碍我们体会他人的处境：

· 否定："别这么悲观，想开点儿。"

· 同情："真是太可怜了，怎么会发生这样的事呢！"

· 建议："我觉得，你应该……"

· 说教："你这是在重蹈覆辙，人不能总是犯同样的错误。"

· 比惨："跟你说吧，我那时候比你更倒霉……"

· 询问："这种情况是从什么时候开始的？"

· 辩解："我是想早点问问你的情况，但这段时间一直有事。"

· 纠正："事情可能不是你想的那样。"

集中注意力，全心全意地去倾听

有句话你一定听过："上天给了我们两只耳朵一张嘴，就是让我们多听少说。"然而，置身在真实的沟通情境中，且不说能否做到共情式倾听，单就"听比说多"这一点，很多人都未能做到，要么完全不给人留耳朵，要么只留给对方一只耳朵。

萱儿在一家文化公司上班，公司的整个氛围还是不错的，并没有很难相处的同事。可是，大家都不太喜欢萱儿，因为她总是以自我为中心，开口闭口都是"我"，眼里心里都没有别人。

午休时间，几个同事正聚在一起分享各自的假期生活。萱儿在黄金周和家人去了一趟青海湖，她觉得这是一次很有价值的旅游，就开始滔滔不绝地讲起期间发生的趣事。说到美食，同事小柯想要分享自己的"新发现"，才开口说了几句，萱儿就把话抢了过去，说起自己打卡过的网红餐厅。同事的脸上有一些不悦，可萱儿毫不在意，继续滔滔不绝。

为了缓和小柯的不悦与尴尬，另一位同事趁机问小柯："你做美食博主有半年了吧？上次看你都开始在线上举办训练营了，真不错。"小柯每天分享早餐的制作方法，并拍摄静物美图，把业余爱好变成了副业，这份努力得到了认可，自然是很开心的。可就在这时，萱儿又不合时宜地插话进来："对，我看小红书上也有不少人分享静物照片，真的很有感觉，我还关注了几个，我打开给你们看看……"说着，就开始翻弄手机。没有人想看萱儿的关注与分享，毕竟那与自己无关。于是，同事们就各自找了借口，默默地回了工位。

哥伦比亚大学校长尼古拉斯·巴特斯博士说："只谈论自己的人，所想的也只有自己。这是不可救药的无知者，他没有受过教育，不论他曾上过多好的学校。"像萱儿这样的人，就属于一只耳朵都不肯给对方的人，她连最基本的沟通原则都不懂，更不要谈共情力了。或许她不是故意为之，但可以肯定的是，她太以自我为中心，缺少换位思考的能力。

若只是日常闲聊，像萱儿这样的人，充其量就是抢占话题上演"独角戏"，终结融洽美妙的氛围。但若是深入交往，萱儿就很难与他人建立情感上的联结，所有的关系都需要有共情的融入才能变得亲密，而她在沟通中一直以自我为中心，这就意味着她只想获得关注，只想表达自己，根本接收不到别人想要传达的信息。

与萱儿相比，多数人是可以做到在沟通中不轻易打断对方、不随意插话的，但这依然不意味着实现了共情式倾听，因为他们在听的过程中可能只用了"一只耳朵"。对照一下下面的这几种情形，大家可能会更容易理解这种状态：

"我该怎么回应他呢？"

看似是在安静地聆听对方说话，不打断、不插话，实则是在等着什么时候轮到自己说话，内心在构思自己想要说的话。

> **"两个人家境相差太多，分开是必然的。"**

对方还没有把事情讲完，就已经作出了带有倾向性的论断。

> **"和我那时候的情况差不多。"**

带着同情心去听，把对方说的事情和自己的经验关联起来。

在共情所需要的所有技巧中，最需要集中注意力的就是倾听。然而，我们内心的声音和想法会分散我们的注意力，让我们没有办法全然地投入另一个人的体验中。要做到共情式倾听，就必须停止以自我为中心，把所有的注意力都集中到对方身上，关注他们所说的话、身体的位置、面部的表情、手势动作；同时还要放下倾向性，学会与他们的情绪产生连接；更重要的是，允许自己没有能力给所有的问题找到答案或解决方案。

在心理咨询室里，一位 40 岁的女性正在向咨询师倾诉她的痛苦。她很希望有个孩子，可是每次怀孕都胎停，这已经是第 4 次了。她向咨询师哭诉："我太难受了，不知道自己这辈子还能不能有孩子，也不知道该怎么面对这样的缺憾。"说这些话时，她已经忍不住开始抽泣，声音几乎是哽咽的，"您告诉我，我怎么做才能让自己好过一点？"

在这样的时刻，我们可能惯常会说一些安慰人的套话："我知道这对您意味着什么，也知道这让您多痛苦""会好起来的""所有的事情都是最好的安排""不要放弃希望，您还有机会的"……
可惜，这些话对她而言，伤害多过于安慰。

咨询师是一位 10 岁孩子的母亲，她不知道没有孩子是什么感
受，也不知道一个特别渴望有孩子却无法正常孕育的女人是什么感
受？她可以想象到对方的感受，但无法确认；她能够感觉到对方的
痛苦，却不知道该说什么才能解决她的问题，或是减轻她的痛苦？

所以，当对方祈求她给予答案的时候，她不知道该说什么，就
坐在那里看着她，全心全意地听着她说，眼睛里噙满了泪水。过了
一会儿，女来访者做了一个深呼吸，对咨询师说："谢谢你……让
我说出了自己的痛苦。"

当一个人诉说自己遭遇的苦难或挫败时，如果我们不假思索地
表示"我理解你现在的处境""我完全懂你的感受"，会让对方觉
得我们不够真诚，因为我们并未投入其中去体会他们的感受，而是
在给予一种机械性的回答。事实也的确如此，我们不是对方，也不
可能马上就知道对方的感受。只有真正地重视眼前的这个人，真正
地重视这个人的感受，与他的感受同在，才能真正建立沟通与连接。

共情式倾听的目的是倾听，不是为对方寻找解决问题的办法。
当你把所有的注意力集中在对方身上，他们会在倾诉的过程中，因
为感受到了被理解而渐渐恢复平静。当他们感觉到被重视与安全时，
现实生活中的困境所带来的心理困惑会慢慢解开，而他们也会找到
走出现实困境的办法，不需要我们越俎代庖。

手里拿着锤子的人，看什么都像钉子

我们都听过"盲人摸象"的故事：相传几个盲人摸一只大象，摸到腿的说大象像一根柱子，摸到身躯的说大象像一堵墙，摸到尾巴的说大象像一条蛇，各执己见，争论不休。

作为旁观者，几乎所有人都能够看清，那几个盲人摸到的都只是大象的一部分，而非整体。可置身其中，绝大多数人又都可能会犯同样的错误，用盲人摸象的方式去对待真相。

其实，这跟美国著名投资家查理·芒格在讲多元思维时提到的"锤子思维"如出一辙："在手里拿着一把锤子的人眼中，世界就像是一根钉子。大多数人试图以一种思维模型来解决问题，而其思维往往来自某一专业学科。"

这样的例子有很多，当某一个新闻事件曝光后，学政治的人往往会用政治思维去分析，学经济的人会从经济的角度去思考，学心理的人会用心理学的方法去解释。这谈不上是错误，但每个人都只是站在自己的专业领域，拿着自己手里的那把"锤子"去分析问题，他们对事件的认知都是片面的，存在一定的局限性。

这种锤子思维在沟通的过程中，也常常会妨碍我们实现共情式倾听。

苏婉的妹妹生病了，最近一直奔波在各大医院之间寻求治疗，并向她开口求助，想借用 5 万块钱。刚好，苏婉今年给孩子准备了 5 万的教育金，可是看到妹妹和她的小家深陷窘境，她也不忍袖手旁观。心烦意乱之际，她就约了朋友小悦，说出了自己的困惑和纠结。

见面后，两人闲聊了一会儿，苏婉就把自己当下遇到的问题告诉了小悦。小悦能够理解，作为姐姐的苏婉不忍在妹妹需要时置身事外，同时也理解作为母亲为孩子的教育未雨绸缪的用心。只是，小悦近期刚换了工作，到一家合资的保险公司做业务员。所以，在倾听苏婉的困惑时，她不禁掺入了许多和保险有关的话题，比如：你妹妹有没有医疗险和重疾险？你和孩子有没有保险？储备教育金是一件很有必要的投入，你真的想好了吗？有没有确定要买哪一家公司的产品？

大概聊了一个多小时，苏婉发现这次会面的话题悄然发生了改变，小悦似乎并不是很关心她的处境，反倒更热衷于谈论保险和教育金，而这样的谈话让苏婉的内心变得更困惑了。她也曾经劝过妹妹给家人添置商业保险，可妹妹就是不听，认为暂时用不着。如今发生了这样的事，不知是该责备她，还是该心疼她？她和爱人也是工薪阶层，孩子的教育金也是辛苦攒了两年凑出来的，到底要不要都借给妹妹呢？苏婉不知所措，只觉得烦闷不安。

类似这样的情形，几乎每个人都曾碰到过：你困惑的是不知道该不该和眼前的恋人分手，对方却跟你从经济学的角度讨论恋人的价值；你想聊聊投资理财的话题，对方却觉得你该多考虑为孩子的教育买单；你想倾诉家人生病带来的忧心和焦虑，对方却不停地劝你赶紧给自己补充医疗保险……也许，他们的出发点是真诚的，可在当时的情境下，我们很难接受对方递来的善意，只会觉得他们根本没有听到自己的困惑，也没有看见自己正处在纠结与为难中。

这就是锤子思维的负面影响，当我们有了自己的立场和想法以后，就不会再对他人想说什么感兴趣，共情能力也会被削弱。带着锤子思维去倾听，很容易出现试图控制或引导沟通的倾向，就像小悦一直把话题往保险上拉，而忽略了苏婉真正想要倾诉的困惑。

只有我们摒弃锤子思维，放空自己，完全进入对方的视角去倾听对方讲话，才会让对方感到被尊重，也会让他觉得自己倾诉的内容很重要，感受到自己被理解。此时，共情就产生了。在这样的状态下，倾诉者才愿意敞开心扉去表达。如果我们在倾听的过程中，夹杂了自己的想法，表现出了对沟通话题的控制和控制，对方会敏锐地觉察到我们不够专心，从而被迫降低倾诉的欲望，甚至产生误解。

总之，沟通从来不是单方面的输出，而是一个互动的过程；沟通的效果，往往取决于倾听者的回应。当一个人选择向我们倾诉时，他已经给予了我们足够的信任，而我们也要用专注的态度向对方传递一个信息：你是一个值得我倾听你讲话的人。这样一来，对方会因为你的尊重而感激，从而加深彼此的感情，促进共情关系的建立。

怎样去聆听一个难以启齿的秘密

前段时间热播的网剧《女心理师》中，有这样一个案例：

年轻漂亮的女职员李薇，在应酬中被一位男性客户以签合同为由要挟，在卫生间里遭到了性侵。她当时没能力作出反抗，事后也没有报警，但这件事给她内心造成的创伤与压力，让她整夜整夜地失眠，控制不住地想洗澡，一个晚上要洗三四次，每次至少半小时。她觉得只有这样，自己才能"干净"一点。

为了缓释内心的痛苦与情绪压力，李薇找到了心理咨询师贺顿寻求帮助。在谈话的过程中，贺顿一直以中立的态度倾听李薇的诉说。李薇为当时自己完全僵住无法反抗男客户的侵犯而自责，并把自己归类为"行为浪荡"的女人，因为她平时喜欢穿性感的衣服，工作能力强，对升职加薪有着强烈的欲望。

心理师贺顿能够理解，一个年轻的女孩在职场遭遇性侵，担心人生被毁而不敢报警，是能够理解的。同时，她也给李薇解释了，人在面临压力时身体会做出不同的反应，可能是逃跑，可能是去战斗，还可能出现木僵反应，即当事人在恐惧的刺激下，大脑负责理性思考的区域，无法正常工作。所以，李薇被侵犯时没有反抗，并不是甘愿被人作践，而是因为害怕。

当咨询进行到这一步时，李薇对贺顿的解释半信半疑，而那份自责的情绪也没有减少，她仍然坚持认为就是自己的错。透过李薇的肢体反应和言行，贺顿意识到，李薇一定还有其他的事情没有说出口，也许正是这个难以启齿的秘密，使得她产生了罪恶深重之感。

作为倾听者，贺顿没有重复解释"木僵"的问题。她停顿了片刻，放缓了节奏，望着李薇交叉揉搓的双手，语速缓慢而轻柔地问了一句："李薇，当时是不是还发生了一些其他的事情，导致你现在的罪恶感非常地深重？"而后，继续保持全神贯注地倾听，把所有的注意力都集中在李薇身上，期待她能够说出来。

李薇犹豫了片刻，缓慢且带有停顿地说道："就是，有没有一种可能，我没有反抗，是因为我的身体并不抗拒……"原来，在关键的时刻，李薇的身体产生了反应，这份羞耻感让她痛不欲生，她狠狠地抽了自己两个耳光，骂自己不要脸。

贺顿立刻靠近了李薇，共情她的感受和行为——"我知道你现在想伤害自己，这样会让你觉得舒服一些"。当李薇的情绪稍稍冷却下来后，贺顿向她确认"你可以相信我吗"，在对方感到安全的环境下，再向她解释"身体的反应不受人的主观意识控制"的真相。

几乎每个人都有一些让自己感到羞耻的往事，相对于诉说而言，我们更倾向于缄口不言。只是埋藏在记忆中的羞耻往事长期得不到排解，很有可能会对我们的身心造成影响。就像《女心理师》中的李薇，如果她把在职场遭遇性侵的事情一直压抑在心里，后果不堪设想。她有勇气走进咨询室，说出藏在心底的秘密，也是一份莫大的勇气。

然而，不是每个人都具备专业的心理咨询技术，但这并不意味着我们在生活中不会遇到类似的情境。在谈话的过程中，如果某个人出于信任，想要向我们吐露一些难以启齿的秘密时，我们该如何应对呢？

静心去倾听，不妄下评判

要澄清的是，令人感到羞耻的事情，并不一定都是负面的。有些人可能会因为得不到心仪之人的回应而感到羞耻，也有些人会因为自身的一些行为问题而羞耻，甚至会因为一些日常琐事而感到羞耻。无论是哪一种形式的羞耻感，应对的方法都是相通的，那就是让另外一个人获知此事，且对方能够做到静心倾听，保持中立的态度，不刻意疏远，也不妄下评论。

放慢谈话节奏，肯定对方的勇气

当身边的某个人向你吐露了深藏于心的秘密时，不要急切地对这件事进行讨论。此时，要适当放慢谈话节奏，对对方袒露心结的勇气表示肯定，鼓励对方慢慢来，可以等情绪调整好了再开口谈论也没问题。

对方袒露秘密时，做被动型倾听者

共情式倾听有两种状态：一种是主动状态，倾向于积极提出问题，给出解释或引导；另一种是被动状态，少做少说，保持现状。两种方式没有优劣之分，要根据谈话时的情境而定。

当一个人向我们袒露自己感到羞耻的秘密时，我们千万不能表现得过于积极，或是说出"不要为此感到羞耻"之类的话。尽管是出于好意，也会让对方感觉很糟糕，因为这样的话会让他们感觉不被理解，与倾听者之间的连接被切断了。

此时此刻，倾诉的人迫切需要的是确保自己在被认真倾听。如果你给予了对方轻松、安全的倾听氛围，且对方已经做好准备，那就让他在你的注视之下复述自己的隐秘之事；如果对方没有做好准备，就再给他一些时间，并对他当下的体验予以共情："独自承受这些事情，一定很辛苦吧！"或者"我知道对一件事情感到羞耻的滋味，我也有过这样的体验。"

直面羞耻是任何人都无法逃避的挑战，个人的内在成长与摆脱羞耻感有着密不可分的关联。如果我们能够做到正确倾听一个人讲述难以启齿的往事，让对方感到被理解、被共情，就有可能让他获得自信和力量，改变自己的人生。这并不简单，但值得去做。

4

PART 04

回 应

走进去体验，走出来表达

"共情需要在情绪上保持一定的距离，你要从悲伤、恐惧和愤怒中走出来一点，跟它们产生一定的距离。在这个距离空间里，你的想法才能对你的感受产生镇静的效果。"

共情始于理解，但不止于理解

亚瑟·乔拉米卡利在《共情的力量》中，提到了一起美国校园枪击案。

那是 1999 年 4 月 20 日发生在科罗拉多州利特敦的一起骇人听闻的枪击案：两名高中生持枪向正在用餐或看书的学生们进行扫射，杀害了至少 25 人，而后自杀。这起血案发生后，恐惧氛围笼罩着校园，有人倒在血泊中，有人拼命逃跑，还有人钻入桌下不敢出来。

枪击案过后，有新闻记者来到现场，其中一位记者望着慌乱的人群，强忍着眼泪，用低沉但充满敬意的声音说："在科罗拉多州的利特敦，到处都能看到共情。"

那真的是共情吗？乔拉米卡利认为，那一天鲜有真正的共情，大都是同情与怜悯——"共情需要在情绪上保持一定的距离，要从悲伤、恐惧和愤怒中走出来一点，和它们产生一定的距离。在这个距离空间里，你的想法才能对你的感受产生镇静的效果。共情需要把有倾向性的偏见放在一边，并且控制住那些自动进行评判和谴责的冲动；还要把复仇的渴望平息下来，取而代之的是渴望理解他人，而这最终可能意味着要原谅他人。"

当这场惨剧过去一段时间之后，人们的情绪慢慢平复下来，这时才看到了共情的影子。人们开始反思并提出了一些很难回答甚至无法回答的问题：为什么凶手要这样做？为什么没有在这些学生采取暴力行动之前就关注他们？我们本可以做些什么来帮助他们，从而挽救那些无辜的生命？

随着舆论热议的进行，有一些电视节目开始把关注点聚焦在"谁该为惨案承担责任"上。人们不禁把矛头指向了凶手的父母，有人声称在枪击案发生两天之后，其中一位凶手的母亲去了美发店。人们简直无法想象，到底是什么样的母亲，才能在孩子疯狂杀人并自杀后若无其事地去做头发？此时，批判的声音如潮水般涌来。

当地的一位新闻主持人采访了利特敦某教堂的一位牧师，问他是否愿意就凶手的父母冷血无情的传言做一些回复？那位牧师只说了一句话："我对这两个家庭的了解还不足以让我们作出评判。"在乔拉米卡利看来，牧师的这句话直指要害，并道出了共情的核心："共情的核心是理解，只有在理解之后才能给出解释。"在努力理解的过程中，共情拒绝那些过快的回答，而是会提出问题，促使人们去想办法补充信息，建立更全面的理解。

共情始于理解，但不止于理解。共情不是简单地说一句"我理解你的感受"就行了，那只是漫长征程中的第一步，在我们掌握了足够的信息和理解之后，还需要把共情付诸行动，把内心的那一份理解，秉持助人而非害人的初衷，以积极的方式表达出来。

可以这样说，我们生来就有共情的天赋，有理解他人想法、感受他人痛苦的能力，但未必所有人都能够把理解转化为思考后的行动。在多数人看来，共情是对他人的感受和想法产生的一种自动情绪反应。可是，如果共情只停留于此，不愿意或不会把感受转化为行动，没有把对他人的理解之情展现出来，那我们就没有真正理解共情，也无法让任何事情发生改变，更不可能给对方带去任何的安慰与帮助。

要知道，理解他人的感受，仅仅意味着我们知道对方为什么会出现这样的情绪。真正的共情，不仅需要准确理解他人的情绪，还要带着对每个人和每个情境独特性的尊要给予回应，进一步去分享对方的感受，与之产生情感上的共鸣。真正的共情，在任何情况下都是以行动为导向的，而把共情付诸行动也是一门需要精心培养和实践的技术。

切忌轻易对他人作评判、贴标签

我们说过，没有人甘愿活成一座孤岛，不选择倾诉的人未必是不想说，而是害怕被误解、被评判。要知道，在沟通中破坏力最强的语言，莫过于匆忙而轻易地对他人作出评判，或是给他人贴上一个固有的标签，这种说话方式也与共情表达背道而驰。

下班回到家，辰辰憋了一肚子的话，总算有了宣泄的出口："我实在受不了新来的领导了，他是不是讨好型人格呀？对客户的态度完全可以用卑微来形容，大家本就是合作关系，有必要这样吗？今天又让我亲自去了一趟客户的公司，坐地铁折腾了 2 个小时……"

合租的室友，不知道是心不在焉，还是感受不到辰辰的憋屈，开口就说了一句："你错了！现在公司的日子也不好过，新来的领导刚上任，肯定不能让业绩下滑呀！有能维持合作的大客户，必然会很上心。"

室友说的这些道理，辰辰也心知肚明，可这些话还是让辰辰不舒服，甚至觉得更憋屈。她今天刚好赶上生理期，身体很不舒服，下午坐地铁折腾了 2 个小时，下班路上又挤公交车 1 个多小时，实在是难受，就忍不住抱怨了两句。

无论是烦琐的生活小事，还是关乎人生抉择的大事，当别人向我们开口倾诉的时候，迅速而直截了当地评判一句"你错了"，实在伤人不浅，也会淹没对方继续倾诉的愿望。没有谁愿意跟一个不会站在自己的角度、心情、处境去思考问题的人，过多地解释自己的选择。

每个人都有一套自己的"度量衡"，形成的过程及标准，与个人的成长经历、学识阅历等有关。共情表达，需要放下以自我为中心的意识，进入对方的世界去看待发生的一切。一旦把自己的"度量衡"当成标杆，以此去判定事物以及他人的是非对错，毫不留情地对他人提出指责和评判，就已经远离共情了，还会给对方增加一重伤害。

亚里士多德在著作《论存在者与本质》里面如是写道："不要带着主观偏见和个人感情去看人，不要用你自己的道德标准要求别人，不要轻易去判断一个人的好坏，我们每个人是以独立的个体存在于这个世界上，却时刻在与周围的世界进行着联系。"

当我们遇到难以理解的人和事时，要学会尽量设身处地去思考和分析——他们为什么要这样做？当我们学会不以自己的主观意识进行判断，并可以一分为二地思考和分析问题时，往往就会获得更全面、更理性的认识和结论，同时才能够做到更好地倾听对方、共情对方。

在共情表达的时候，很多人还会犯另外一个错误，那就是倾向于认为他人的个性是固定不变的。比如，我们时常会听见这样的声音："你总是这种反应""我就知道你会这么做"，这种论调的本质就是给他人的行为贴标签。

希腊哲学家赫拉克利特说："人不可能两次踏进同一条河流。"这句话的本质是说，万事万物都在变化，"今天的你"和"昨天的你"有所不同，"今天的河流"与"昨天的河流"也有所差异。无论我们和眼前说话的这个人有多么熟悉，对他的过去了解多少，我们都无法确定他在当下这一刻的想法和感受。因为，他也是一个会不断变化的人，共情表达意味着要尊重每个人都会发生改变的天性。

如果我们认为，一个人的天性固定不变，那无异于是在阻挡共情的流淌。这样的做法，不仅否认了发生改变的可能性，还阻碍了个人的转变。

当孩子在学校遇到挫折，回到家后闷闷不乐，以哭泣发泄情绪，或是责骂自己时，不少家长既心疼又着急的，追问了几句没能得到答案，就会抛出一些带刺的话："从小就怂，遇到事就知道哭""你这爱哭的毛病是改不了吗"……这种表达是在给孩子的行为贴标签，倾向于认定"孩子遇到事情只会哭"。

共情表达是关注孩子当下时刻的体验，将其想法和感受关联到特定的事件上，如："我注意到，你今天从学校回来之后很不开心，发生了什么事吗？""提到老师批评你这件事，你看起来有些激动，能说说那时候你是什么感受吗？"这样的反馈，能够让孩子把注意力集中在引发他情绪的特定事件上，回溯情绪反应的根源，而不是一味地哭泣或责骂自己。对孩子来说，这是一个很好的自我觉察的机会。因为当一个人感到挫败的时候，很容易忽略事件的特殊性，而认定事件有普遍规律，进而给予自己苛刻、片面的评判。

总而言之，在表达共情的时候，要跳出以自我为中心的框架，进入对方的世界去体会他的感受。同时，也要把关注点放在此时此刻，不以过去的经验去给对方的行为贴标签，因为真实的生活是流动的，真实的人也有主观能动性，会为了适应环境而进行自我调整。

实现共情表达的三个重要因素

美国哲学家、作家米尔顿·梅洛夫在《关怀的力量》中如是写道："关怀一个人，必须能够了解他及他的世界，就好像我就是他，我必须能够好像用他的眼看他的世界及他自己一样，而不能把他看成物品一样从外面去审核、观察，必须能与他同在他的世界里，并进入他的世界，从内部去体认他的生活方式，及他的目标与方向。"

其实，这就是我们一直在谈论的共情。共情要求我们正确地了解倾诉者内在的主观世界，并且要将有意义的信息传达给当事人。说起来简单，但并不容易实践。

情景1：

舟舟的好胜心很强，且一直都是班里的佼佼者。最近的一次月考，她没能得第一，心里很憋屈。回到家后，舟舟坐在沙发上一言不发，平时最喜欢的宠物狗冲她摇尾巴，想跟她玩一会儿，也被她轰到了一边。让我们看看，舟舟身边的家人是怎么劝慰她的，而她听到那些话又是什么样的感受？

父亲："考不了第一在所难免。"

——（舟舟：根本不关心我，不懂我的想法！）

母亲："考不了第一也没辙啊！"

——（舟舟：就知道说了也没用，算了！）

姐姐："哪儿能每次都考第一，这根本不现实。"

——（舟舟：我想考第一是错吗？）

邻居："考不了第一，你爸妈也照样管饭，这不是什么大事。"

——（舟舟：我的难受你不会懂，说这些都没用。）

伙伴："谁遇到这样的事都会烦恼，你要么止步不前，要么奋起直追。"

——（舟舟：我不关心别人什么样，和我没关系，我只知道自己很难过。）

情景 2：

3 岁半的豆豆看见邻居家的孩子新买了一个奥特曼玩具，他也很想玩，可是对方爱不释手，根本不肯让豆豆碰。于是，豆豆开始大哭。这个时候，豆豆的妈妈安慰他说："这有什么好哭的呢？就是一个玩具而已！回头妈妈给你买一个，走，咱们回家！"

不少家长都曾以这样的方式安慰孩子，但这根本不是共情。共情，意味着要站在孩子的角度去体验孩子的内心世界，而不是站在自己的角度去体会孩子的感受。在这件事情上，豆豆妈妈完全没有体会到豆豆的感受——"那个奥特曼可以变形，家里没有那样的，我很喜欢，也特别想玩"。妈妈的回应会让豆豆感到失望，觉得妈妈不明白自己。同时，这种表达也无法帮助豆豆探索自己的内心体验，降低了他解决问题的能力。

看完上述的两个情景，相信我们都深刻地感受到了，表达共情真不是一件简单的事。很多时候，说话者自认为是在给予安慰和理解，但对方却并没有这样的感受，这就是共情失败。要避免这样的情况发生，我们有必要了解一下共情表达的几个重要因素：

内容反应

将倾诉者讲述的事件、问题以及个人想法，重述给对方。

情感反应

将倾诉者的情绪感受，经过综合整理，反馈给对方。

概述表达

对于倾诉者所说的内容及其感受，表达自己（倾听者）的情绪情感状态。

简单来说，就是把对方的主要言谈、想法以及情感反应进行综合整理后，做一个概括性的叙述，重新反馈给对方。同时，告诉对方自己当下的情绪状态，让对方感受到，你深入地体会到了他的感受，理解他纠结与痛苦的根源，以及内在的动机、目的、态度和愿望等。

　　一位 37 岁的妈妈，有一个 10 岁的女儿。两个月前，女儿在学校上体育课时晕倒，被送医院后发现，她患有先天性心脏病，需要进行手术治疗。作为妈妈，她在半个月内为女儿选择了最好的医院，并办好了住院手续，亲自送女儿进了手术室。经过焦急的等待，女儿被推出手术室，她才松了一口气。

　　术后第三天，女儿突然出现心律失常，抢救无效去世。来访者深陷痛苦与自责中，认为自己作为妈妈太粗心了，简直是失职，十年来竟然没有发现女儿患有先天性心脏病，致使女儿失去了早期手术治疗的机会，甚至觉得自己不该这么匆忙地送女儿进手术室，要是不做手术的话，说不定还能多活几年。她背负着强烈的愧疚与自责，总说是自己害死了女儿。

　　面对这位母亲，在耐心倾听、全神贯注的同时，该如何向她表达共情呢？

　　这是一位心理咨询师的表达："你责怪自己没能早点发现女儿患病，后来孩子住院了，你想尽快治好她的病，所以同意了手术治疗，但最终还是没能保住女儿的生命，这让你感到很无力、很痛苦，也很自责（内容反应和情感反应）。我能够感受到，为了挽救孩子，你已经做了你所能做的一切，你心里非常爱你的女儿（概述表达）。"

　　这番话不仅说出了那位母亲的多重情感（无力、自责、痛苦），同时也把母亲的动机、愿望表达了出来，即她想要挽救孩子的生命，所做的一切都是出于爱。后面的这些话非常重要，如果只说了"这让你感到很无力、很痛苦，也很自责"，就把落脚点放在了谈论负面情绪上，没有从积极的角度去表达这位母亲的情感和愿望，这样很难帮助她从自责自罪的痛苦中走出来。这一点需要我们特别注意的，在共情他人的时候，要尽量注意避免过多地做"消极取向"的共情，而应该从说出对方的负性情绪，逐渐地过渡到说出对方的积极情绪和愿望。

现在，回到我们前面谈到的两个生活情景（舟舟与豆豆）：

面对没能考第一的舟舟，我会利用上述的几个要素这样进行共情表达："这次考试没能得第一，你觉得很难过、很气愤，恨自己粗心，对自己的表现感到失望，是吗？你想说，其实自己有实力和能力考第一，也很希望能够保持第一的位置。我能理解你现在的感受……"

面对想玩奥特曼玩具却遭到小伙伴拒绝的豆豆，现在请你试着对他表达共情。

多运用引发思考的开放式提问

对话1：

求助者："你待人总是那么温和，我也想像你一样把情绪戒掉。"

倾听者："你认为我待人温和，是因为我把情绪戒掉了？"

求助者："是的。"

倾听者："不，我也会有情绪，只是每次遇到问题的时候，我会……"

求助者："噢。"

对话2：

求助者："你待人总是那么温和，我也想像你一样把情绪戒掉。"

倾听者："为什么你会觉得，待人温和需要把情绪戒掉呢？"

求助者："不戒掉情绪的话，怎么应对那些讨厌的人！"

倾听者："听上去，这好像让想到了一些人，是这样吗？"

求助者："没错，我想起了令人作呕的同事小C。"

倾听者："能具体说一说吗？"

求助者："她这个人很假，我甚至怀疑她有表演型人格……"

仔细品味上面的两组对话，有发现它们的不同吗？

也许你感受到了，第一组对话很短暂，求助者在说出自己的想法和感受时，倾听者并没有给予共情式的表达，而是用一个封闭式的问题把对方的话重复给他听——"你认为我待人温和，是因为我把情绪戒掉了"。看似是在提问，其实问题中已经蕴藏了答案——"那只是你认为，真实的我并不是这样的"。

面对封闭式的提问，回答问题的人有几个选择：要么给予顺从性的答复"是"，要么反驳说"也不是这个意思"，抑或是心怀不爽、拒绝沟通。无论是哪一种回答，都会让沟通搁浅或结束，相互之间的理解也不会再有进展。

就像第一组对话所呈现的，倾听者在接过话题后，说了一个"不"。其实，这个"不"字就是一种评判，他传递出了一个信息——你的想法是不对的。然后，倾听者开始用说教的方式，表达自己的认识和理解。也许他的分享是真诚的，但对方绝不会买账，因为这种做法已经远离了共情。在对方看来，他是在试图改变自己的观点和看法，本质上暗含的意思是对自己的一种否定。无论那些方法有多么高明，多么有道理，都无法消除求助者感受到的那种来自精神上的指责。

无论是心理咨询还是日常谈心，当我们意识到他人存在某些非理性信念时，命令指责和说教都是无效的，只会招惹来反感。想要通过自己的力量影响他人，并且不偏离共情，最好的办法就是学会智慧地提问，尽量多运用能够引发对方思考的开放式提问。

在第二组对话中，倾听者重述了求助者所说的内容及其感受，但他同时提出了一个没有任何成形答案的问题——"为什么你会觉得，待人温和需要把情绪戒掉呢？"这样的话，就把问题重新抛给了求助者，让他去思考自己的这一想法从何而来，并且有机会说出更多相关的事情。作为倾听者，也能够从他的回答中，了解更多确切的信息。

之后，求助者提到了同事小 C，并在后续的沟通中，讲述了他们之间发生的矛盾冲突。这样一来，谈话就有了进展。在共情式的陪伴之下，求助者将有机会觉察到自己内在的想法及感受，随着谈话的深入，还有可能挖掘出表现问题背后的深层原因，获得成长的契机。

提出开放式的问题是表达共情的一种体现，因为这样能够传达出对每个人独有的反应和回复的尊重。当我们提出一个开放式的问题时，代表着我们放下了所有的偏见和预判，渴望从倾诉者那里了解确切的情况并进行沟通，能让对方感受到我们乐于倾听他的诉说，对他的想法和看法感兴趣。这种感觉就像是我们率先交出了控制权，允许对方把我们引领到他想去的地方，或是他希望我们去的地方，而不是我们把谈话带到一个指定的方向。

现在，让我们再来体验一下两种提问方式带来的不同感受：

封闭式提问："你真的觉得他很好吗？"

开放式提问："能说一说他哪里吸引你了吗？"

封闭式提问："你觉得，这样评价妈妈公平吗？"

开放式提问："听上去你对妈妈有很多不满，那有没有某一刻你觉得她还不错？"

封闭式提问："这发型和你的脸型挺配的吧？"

开放式提问："你觉得这个发型还有哪些地方需要调整？"

当我们学会用空杯的姿态去倾听和关注他人时，开放式的问题会让我们看到无限可能。

关注并理解过去发生了什么

马莉小姐在公司里已是元老级别的人物了，从一个羞涩不谙世事的小文员，一路披荆斩棘坐上了行政主管的位子。如今她不再是别人口中的"那个谁"，她是做事干净利索的达人。

往事不堪回首，马莉小姐和所有年轻人一样，也历经过难熬的"蘑菇期"，也曾因为自己是新来的而被呼来唤去。不过，那都是"过去式"了，现在的她，工作能力有目共睹，大大小小的事总能办得很漂亮。所以，站在人前的她，总有一股子傲慢劲儿。

对刚毕业的年轻下属，她百般怀疑和挑剔，说什么"嘴上无毛、办事不牢"；对于和自己资历差不多的人，她觉得对方能力不济、态度不佳，效果自然大打折扣；对那些身份地位比自己高的，她又心生妒忌，尽可能地给对方找缺点、挑毛病。

马莉小姐还有很多讲究：办公室要一尘不染，如果哪个下属边啃面包边做事，被她撞见肯定是一顿批评；谁在办公室里高声讲电话，得到的肯定是白眼。对于工作的要求，就更不用说了。若是文件里出现一个错字，她肯定会让你返工。遭到批评时，下属们都老老实实地像小学生一样闷声不语，可私底下却无奈地相互慰藉，说活该倒霉，摊上了这么一位女魔头。

真实的马莉小姐，到底是不是一个不可理喻的人呢？

　　如果你认识过去的马莉，也许你会理解并原谅现在的她。出身于小城镇的马莉，高考时以全县第一的成绩考入了某大学，从羞涩的小镇姑娘到繁华都市里上学，她的内心有过很多挣扎的经历。刚上大学时，她不懂计算机，因为老家的中学条件没那么好，看着周围的人都在讨论上什么网站的时候，她一句话也不敢插，因为她怕露怯。若有同学问起，她便故作轻松地说："我很少上网，不喜欢玩电脑。"然后，私下里跑到网吧去练打字。

　　大学毕业后，她应聘到现在的公司。不得不说，来这家公司之前，她在网上查了公司的介绍，得知它实力雄厚，对员工要求很高，竞争激烈，心里忐忑不安。面试通过后，她进入公司上班，担任行政部普通文员一职。

　　大公司行政部的工作繁忙，初出茅庐的她不熟悉工作流程，和周围的人也不认识，一切都像刚上大学时那样，从零开始。她骨子里不服输，对自己要求严格，也讨厌被人批评。不管多么辛苦，她都尽量把每项任务都做到无可挑剔。久而久之，她在部门里成了主管最得力的助手，再后来主管因为职务调动，她便坐上了主管的位子。

　　如今的她，在职场找到了自己的位子，在大城市里有了一块立足地，可她内心从来没有真正地"平衡"过。她努力表现自己，为的是不让别人看出自己的紧张和焦虑；她表现得那么傲慢，其实是怕别人看不起自己。她的苛刻，很多时候也是害怕暴露自己的不足。

马莉小姐的种种表现，不禁让我想起多年前一部热播的台湾偶像剧《放羊的星星》，里面的女二号欧亚若是珠宝公司的设计总监。她有才能、有容貌，父亲是南极科学家，尽管为人刻薄傲慢，做了很多不利于女主角的事，但在很多不知情人的眼里，她仍然不失为一个有魅力的女人。可临近剧终时，一个可怕的真相被揭开，欧亚若根本不是出身名门，她做的很多"坏事"，都是在极力掩盖一个让她感到自卑的事实：她是杀人犯的女儿。

欧亚若一直活在理想自我中，她希望自己是南极科学家的女儿，希望能和心爱的男子在家庭出身、教育修养上势均力敌。她对自己身份的掩饰背后，藏着的就是对自己、对父亲的强烈否定，以及深深的自卑。炫耀是内心的缺失，傲慢是自卑的补偿，担心被人看不起，才会端起架子来。倘若内心不自卑，自然也不用刻意营造出一种"我比别人强"的姿态。

很多时候，我们需要知道并理解过去发生了什么，明白旧有的模式、评判和理想化如何影响当下所发生的事情。只有把过去和现在分开来看，才能够客观地看待事情。许多人当下表现出来的强烈情绪和刻薄行为，不一定跟现在发生的事情相关，可能与过去未处理的冲突或创伤经历有关。

生活中经常会发生这样的情景：当我们说了某些话、提到某种现象时，对方表现出强烈的情绪反应。这时，我们需要往后退一点，通过开放式提问来弄清楚真正的原因，如："似乎这些话（这种现象）让你感觉很不舒服，能说说是什么原因吗？"或者"当我说这些话时，你想到了什么？"这样的提问，能够帮助我们扩展视角，获取更多的客观事实，进而作出合适的、经过思考的回应。

同样的道理，当我们听到对方说了一些话、提到一些现象时，内心产生了强烈的情绪反应，或是愤怒，或是悲伤，那我们也要觉察，是不是触碰了自己未曾解决的冲突或创伤？总而言之，每个人都有复杂纠结的历史，也会将其带入现在的人际交往中。如果不了解、不觉察对方或自己过去发生了什么，就很容易产生误解，并大幅削弱我们的共情能力。

保持抽离状态，给予客观的回应

在心理咨询室里，经常会有来访者表达出这样的心声："我把所有私密的事情都告诉了你，可你从来不跟我谈论你自己，你好像不会为生活所困。"

很明显，这句话里藏着来访者的期待，希望咨询师像他一样敞开自己。同时，这里还隐含着另一层意思："你不想告诉我关于你的事情，是因为你不会为生活所困，你没有像我一样的烦恼，也无法体会我的痛苦。"

如果你是咨询师，在这个时刻，你会如何回应来访者呢？

——"你想知道我的什么呢？"

——"不，我也是普通人，也经历过……"

如果你选择用上述的方式来回应，那么很遗憾地告诉你，这并不会帮到来访者。无论是在咨询治疗还是在生活中，为了消除他人的不安全感和质疑而进行自我暴露，效用微乎其微，这种回应和前面讲过的"比惨"类似，都会分散掉本该贯注在需要帮助的人身上的注意力。

不少新手咨询师都犯过这种错误，与来访者分享自己的困惑，认为自我暴露可以拉近人与人之间的距离。确实，这样的互动会让来访者瞬间感觉好受一点，他们可能会回应说："没想到您也有过这样的经历，我感觉好多了"，但这并不意味着有了治疗效果，因为来访者后续可能会产生更多的不适感。

一位老实的男士遭遇了妻子的背叛，最终被迫离婚。他在心理上无法接受这一切，陷入了抑郁情绪中，在家人的劝说下选择心理治疗。他对咨询师说："我太痛苦了，不知道该怎么活下去？我不止一次想过，干脆结束所有，一了百了。"

听到来访者这样说，咨询师的身体呈现出前倾的姿态，她靠近了来访者，给予了对方极度的关注。然后，她缓缓地对来访者说："我理解您的痛苦，也想告诉您，两年前我的妹妹因为感情的问题轻生了。"

咨询师做这样的披露，本意是希望表达出自己对来访者的关切。然而，她的回应却让来访者陷入了困惑中，脑子里冒出了一连串的问题：她为什么要跟我说这个？我要不要跟她谈论一下她的妹妹？她是想跟我讨论轻生的话题吗？在有了这些想法之后，来访者还可能会产生更加复杂的情绪，如：我其实并不想知道那些，我只想讨论我的问题；我是不是太自私了，只想着自己的需要，忽视了其他人？

所以说，披露自我和"比惨"一样，无法传递出共情。更何况，一个人内心的困惑和痛苦，不会因为知道了他人有过类似的遭遇而被疗愈。在这样的时刻，我们需要的依旧是不带偏见地倾听，并且保持抽离状态，将注意力关注在对方的需要和担忧上。

假设身边一位正遭遇婚姻问题困扰的朋友向你抱怨，说世上所有的男人都不可靠，并且发出了这样的询问："你有过出轨的行为吗？或者有想过吗？"面对这样的问题，保持抽离状态意味着，不要被这个问题卷入其中，披露自己的经历或想法，而是要重新把关注的焦点拉到对方身上，如："你怎么会想到问这个呢？""猜测他人对出轨的看法，能够对你的婚姻起到什么帮助吗？"

当我们表达共情时，最重要的不是说出的言语，而是正在沟通的深层信息。通过共情，我们要传递出对他人所讲之事的关注，这不一定是因为我们是故事中的一部分，而是我们让自己参与到他人的经历中，与其内心产生共振。真正的信任，是来自当下这一时刻的互动，而不是谈论自己关于某个特定话题的看法和感受。

在共情的指引下，我们需要做的是，走进对方的世界感受他所经历的一切，走出对方的世界与他一起探索和澄清真实的想法与需要，维持一个介入与抽离之间的平衡。无论进或出，关注点始终都在对方身上，而不是我们自己。

5

PART 05

诚 实

真实地面对自己，真诚地面对他人

"诚实是共情的血液，也是维持它呼吸的氧气。

如果没有了诚实，那共情就失去了成为共情的理由。

如果不能对他人真实相待，那我们跟他人的关联怎么能有意义呢？

如果我们自己都做不到真诚，那我们怎么能反过来要求他人对我们真诚呢？"

当自己伤痛未愈时，很难共情他人

半年前，闺蜜在去新疆的路上给凌子发消息，诉诸心情："真是一条风景不错的路，只是想要的人不在身边，风景越美越觉心伤。"凌子瞥见消息，心里莫名地涌起一股怒火，回应了一句："你若不想上来，没有人能拉你。"

闺蜜沉浸在痛苦中，已不是一两天，为了一段不可能有结果的感情反复挣扎。凌子给了她很多安慰，也极力希望她能够借助出游去放空自己，感受在路上的点滴。可是，闺蜜的消息刺痛了凌子，让她感觉自己所做的一切都是徒然。

凌子回复的那一条消息，似乎也刺伤了闺蜜。她已经记不太清楚对方发来了怎样的回复，只觉得自己也挨了深深的一刀，许久未愈。这件事过后，她们有很长一段时间都没再联系。

时过境迁，如今凌子再回想起那件事时，已经是另一种状态了，她说："现在，我完全能够明白她当时的感受，很遗憾我没能给她一份同理心。我们那么久不再联络，并不是记仇，只是各自的情绪都未曾平复。很多时候，当你想去结束一个人的痛苦时，你不是真的想帮他，或怨恨他的固执，而是你迫不及待地想要结束自己的痛苦。他人就是自己的一面镜子，外界的一切，也不过是内心的投射。"

凌子回忆说，那段时间是她情绪最起伏不定的阶段，她厌恶的不是听不进劝慰、郁郁寡欢的闺蜜，而是饱受着煎熬、用任何方式都难以抚慰的自己。对闺蜜发脾气，看似情绪的出口是针对眼前的她，其实那只是一种错觉。所有的怀疑、所有的不信任、所有的歇斯底里，不过是因为她自己内心的伤痛未曾得到治愈。

在互怼事件发生后的三个月里，凌子努力调适自己的情绪，总算慢慢回归正轨。之后，她做的第一件事就是给闺蜜发消息："现在想来，你当时需要的不是什么安慰，只是静静地聆听，那才是我应该给你的。可是，我没有做到陪伴，很抱歉。"

此时，闺蜜内心的郁结也已解开，恢复了凌子熟悉的模样，与彼时判若两人。凌子很庆幸，她与闺蜜懂得彼此，明白真正的问题并不在于那一刻的愤怒，而是藏在情绪背后未曾疗愈的伤。只是庆幸之余也感叹：人生有太多的失去和懊悔，都是从某一刻的不被共情开始；而人生有太少的机会，能在争吵过后抹掉嫌隙，让彼此的关系依旧如初。

爱也好，共情也罢，都需要先斟满自己的杯子。我们无法给予他人连自己都没有的东西。有些时候，我们会发现自己像凌子一样，无法去关心和共情别人，因为那一刻的我们也陷入了黑暗之中，也需要被关心、被照顾。如果不能诚实地面对自己的处境和状态，我们就可能会把负面的情绪投射给外界，伤害到身边亲近的人。

北漂赵磊打拼了十几年，总算在六环外有了一个自己的家，但这也意味着他要背负更多的压力。在公司里，做得不对要被老板批，合作出了问题被客户埋怨，打电话拉业务还要无端地被人辱骂……很多时候，他都选择忍着，默默承受，安慰自己说这都是生活的考验。

幸好，赵磊身边还有妻子的陪伴，他们从大学毕业一直走到现在，实属不易。为了不让妻子担心，他很少流露出自己在工作上的压力。可时间长了，他也不知道怎么安慰自己，才能让越来越低落的情绪好起来，偶尔就一个人在阳台抽着闷烟。

一天下班回来，赵磊说自己有点累，就直接进了卧室。妻子精心准备了几道赵磊平日喜欢吃的菜，全被晾在了桌子上。妻子有点儿生气，觉得赵磊最近对自己很冷淡，就抱怨了几句。赵磊没按捺住内心的情绪，歇斯底里地向妻子发了脾气。

妻子哭了，赵磊也哭了。那一刻，他产生了强烈的负罪感：妻子一路陪着他，两个人从租住在城中村的一间8平米的屋子开始，一路磕磕绊绊走到现在，奋斗出了自己的小家，妻子的付出并不比他少。妻子没有做错什么，只是希望他看见那一桌子她精心准备的菜后，给她一句"辛苦了"。那一刻，赵磊觉得自己简直糟糕至极。

这样的生活画面，相信多数人都曾目睹或经历过。当我们自身的伤痛或情绪没有处理好时，它们会消耗巨大的心理能量，这也直接导致我们很难拿出精力和心力去照顾他人的感受，共情他人的情绪。在这样的时候，我们该怎么做，才能避免透支自己和伤害他人呢？

联合国前秘书长汉马斯克德说过："你越是留意自己内心的声音，就越能够听到别人的声音。"我们要及时觉察和照顾自己的感受和需要，不能忽略或压抑它，假装一切都不存在，因为逃避和压抑会加剧内耗。当我们做到了这一点后，就有能力迅速调整好状态来倾听他人。

如果无法在短时间内调整好情绪，我们还可以表达自己的感受，说出自己的请求。

假设你在工作上遇到了棘手的问题，直到下班都没能从负面情绪中走出来。回到家后，孩子缠着你陪他玩，而你实在没有力气。这个时候，你就可以表达自己的感受并提出需求：

"我今天在工作上遇到了一些麻烦，这件事让我很难过。所以，我现在没办法陪你玩，我想一个人在房间里待会儿。"如果孩子问你发生了什么事？你可以告知，并表达自己的感受。这样的话，就算孩子因为你不能陪他玩而感到有些失落，但你的做法能够帮助他意识到你此时此刻的痛苦和需要。

当然，不排除在某些情况下，对方也处于激烈的情绪中，无法留意我们的感受和需要。这时，我们可以选择换一个环境，给自己一点时间和空间进行调整，平静之后再回来。

诚实面对内心的感受，哪怕是恨意

前段时间，网上流传一个视频：一位女士在街头，身后跟着一个小女孩。女士看起来很愤怒，竟然对小女孩大打出手。看到这一幕的时候，几乎所有网友都觉得小女孩很可怜，猜测打她的人多半是她的继母。当视频被曝光后，事实逐渐浮出水面，令人震惊的是，殴打小女孩的人，并不是她的继母，而是她的亲妈。

面对这一事实，网友们众说纷纭，概括来讲无外乎就是——

·孩子是自己亲生的，怎么能下得去手？

·如果不会教养，当初干脆就不要生孩子！

·小女孩有这样的妈，怕是得用一辈子去治愈童年了。

·……

我们并不是当事人，也不知道母女二人处在怎样的境遇中，又发生了什么样的问题？更不知道，这位母亲经历了什么，抑或是什么样的状态？尽管我也不认可殴打孩子的行为，可在未知状况如此多的情况下，我无法作出评判。

这篇报道倒是让我想起日剧《坡道上的家》，这部影片围绕着一个案件展开：一位名叫安藤水穗的女子，被控告杀死了自己的孩子。所有参与庭审的人员，无论是法官还是国民陪审员，都怀揣着同样的疑问：究竟是怎样的女人会对自己的亲生骨肉痛下杀手？

在审理这个案件的过程中，透过其他女性在现实中所经历的生活片段，我们会逐渐意识到，这场悲剧的发生并不是安藤水穗一个人导致的，它的背后隐藏着太多的现实问题：产后抑郁、新手妈妈的焦虑、丧偶式育儿、低自尊等。

事实上，这些问题并不只是发生在安藤水穗一个人身上：剧中的女主角里沙子体验着和安藤水穗类似的境遇，而她无处诉说，因为说出"讨厌听见孩子哭闹""有时会忍不住想打她""要是没生孩子就好了"这样的话，很难得到周围人的理解和共情，招惹来的只有鄙夷和指责；剧中年长的女性们（婆婆或妈妈），也曾经历过那些艰难的带娃时刻，却统统不愿意承认，而是抛出一句"大家都是这样过来的"，不知是在安慰别人，还是在敷衍自己；至于那些没有成为母亲的女性，更是难以理解母亲溺死孩子的行为，认为她不配有孩子。

那么，一个亲生母亲究竟会不会在某一时刻憎恨自己的孩子呢？

美国畅销书作家黛比·福特，曾讲述过这样一件事：在她的心理辅导课上，有个女学员哭着站了起来，说她承受了巨大的痛苦，内心里经常冒出一些糟糕的想法，令她感到无比羞耻。在经过很长时间的探讨与开导后，这个女学员终于承认，她对自己的女儿怀恨在心。当她用细小微弱的声音一遍又一遍地重复"我恨我女儿"这句话时，教室里的其他学员都注视着她，有些人的眼睛里透露出同情，而有些人则流露出厌恶、嫌弃的表情。

黛比·福特跟这个女学员聊了一会后，对她说出这样的话："你有这样的想法，并不是不可原谅的，你必须接受自己内心对女儿的恨意。"之后，黛比·福特让在座的、有孩子的学员举手，之后让他们闭上眼睛，回想自己过去是否有对孩子产生恨意的场合、所有举手的学员，几乎都承认，他们至少经历过一次这样的场合。

接下来，黛比·福特让他们发挥想象力，思考这种恨意有可能带来的好处？然后，这些学员陆续说出了一些在此之前从未想到过的东西：可以让我清醒、加深对孩子的爱、彻底地发泄了一下。当然，这并不是重点，重要的是所有人都开始意识到：他们并不能控制的感情，尽管他们不愿恨自己的孩子，可有些时候就是会感到恨意。

这时候，那位重复"我恨我女儿"的女学员，恍然意识到，原来自己的情况并不是个案。黛比·福特解释说："我们都需要体验憎恨的感觉，只有理解了恨，才能理解爱。只有当我们刻意压抑心中的恨意时，它才会对我们自己和别人造成伤害。"

经过了一番深谈，那位女学员意识到：她心中的恨意，是她本能的防御机制，可以让她在爱着女儿的同时，又能维持自己的私人空间不受侵犯。虽然这份恨意，曾经给她带来了巨大的痛苦，可也正是它的存在，开启了她检视内心阴影、找回完整自我的大门。

两周以后，那位女学员再次找到黛比·福特，向她反馈自己的收获。原来，她回到家后，决定冒险把自己多年来的真实想法，如实地告诉女儿。没想到，女儿听过后，竟然放声大哭，把自己多年来压抑的感情，以及对母亲的恨意，也都释放了出来。之后，母女二人共进午餐，彼此都感觉和对方的关系亲密了很多。

这对母女的心中，原本都有很多压抑的感情，藏在内心的恨意，被她们故意忽视，总觉得难以启齿，以至于过去在一起相处时，经常争吵。可当这种恨意被承认了，得到排解和释放，她们反倒松了一口气，获得了更融洽、更美好的关系。

在真实的生活中，绝大多数人都有这样的共识：母爱是天然的、为母则刚、没有哪个母亲不爱自己的孩子……仔细剖析会发现，这是一种绝对化的概括，它一直在强化"母亲该有的样子"，却没有考虑"母亲也是一个活生生的人"。这样的一种绝对化要求，让许多成为母亲的女性不敢正视自己的真实感受，甚至排斥和否认自己有情绪。

其实，有多少母亲是真的在憎恨孩子？也许，更贴近真相的是，她们憎恨有了孩子后那个狼狈不堪的自己，怨恨的是生活的艰难与无法摆脱眼前艰难生活的痛苦。当身份角色发生巨变，让你感到手足无措时；当身心疲惫搅乱了安宁，让你变得歇斯底里时；当生活压力重重，让你产生了不好的念头时……这都不是你的错！

感受是真实的，但它并不可耻；念头只是想法，但它不代表行动。生命中不只是有光明，阴影也是它的一部分。阴影的存在是为提醒你，你需要好好照顾自己，你需要他人的共情与帮助。压抑阴影，它永远都只是阴影；接纳阴影，去探索它的另一面，就可以疗愈伤痛，点亮生活。只有从容接纳黑暗的人，才有资格享受光明，找寻到弥足珍贵的爱与力量。

学会自我理解，才能更好地理解他人

经常有朋友问我："你学了心理学以后，有什么变化吗？"

我说："有啊，自打学了心理学，我变得越来越'丧'了！"

当然了，这是一句玩笑话，我说的"丧"并不是堕落，而是一种接纳自我的力量。毫不夸张地说，活了这些年，直到现在才逐渐学会，呈现自己真实的样子。

前段时间，在咨询技能课上，我扮演了一次来访者。然后，我就把自己碰到的苦闷事，全都吐了出来，甚至在并不是特别了解、特别熟悉的两个搭档面前，爆粗口宣泄内心的愤怒。换作几年前，我绝对不会做，也不敢做。

记得几年前的一个秋天，我开车带着一位朋友朋友，一不留神犯了"路怒症"，冒出了几句骂人的话。当时，也真的是因为情急，对方司机野蛮驾驶，险些发生碰撞。可是，就因为那几句骂人的话，我难过了整整一个星期。

那时的我，可能真的是觉得，说脏话是不好的（当然，现在我也这样认为），在任何的情境之下，都要做一个情绪稳定的人。这全是鸡汤文里传递的东西：你要宽容，你要善良，你要原谅，你要放下……这样的你，才是美好的。

天真的我，就这样轻信了，并傻乎乎地按照这个标准严苛地要求自己。一旦我愤怒了、发脾气了、怼别人了，我立刻就萌生了负罪感，觉得自己不够好，担心自己不被喜欢，害怕被人评头论足。最要命的是，哪怕我真的不开心，为某些事情痛苦时，我还要在心里默默地劝慰自己："你太钻牛角尖了，你不够豁达……"

结果如何呢？当我不断告诉自己：要想开点儿、要学会乐观、要接纳残缺的真相，而自己却又没能体会到"心里真的舒服了、我真的想明白了"的感受时，我比之前的状态更糟了，就像是给自己挖了一个更深的坑。

这个时候，焦虑、抑郁的情绪直线上升，而我内心的怀疑也开始涌现：我是不是太怂了、太扛不起事了、太没出息了、太没有修养了……太多的问题，开始不断拷问我的心。

这就是原来的我，不允许自己犯错，不允许自己难过，不允许自己被非议。

你可能也看过这篇文章——《远离那些正能量爆棚的人》。我从不否认，乐观是一种美好的生活态度，我也在朝着这个方向努力。但是，乐观不是永远不表露悲伤，更不是在撑不住的时候，还不停地给自己喂鸡汤，安慰自己说："一切都会好起来"，假装什么都没发生，活在理想化自我的幻象中。

我们都曾以为，看到一个糟糕的、不够好的自己，应该是一件很绝望的事。但真正经历过后，我的体验并非如此。就像咨询技术课上扮演来访者，我很坦然地跟搭档解释："以前，我会认为这样爆粗口是不对的，我怕别人会认为我不够有修养……但是，现在似乎不那么在意了，在这样的情境下，这就是我最真实的感受，我也需要释放。"

事实也证明，搭档接纳了我，接纳了在咨询演练中那个情绪失控的我，也接纳了现实中理性地做自我分析的我。这两个我，没有好坏之分，只是不同情境之下的我，仅此而已。

过去，无论我试图让自己看起来多么积极，多么正能量，当真实的我不被自己理解的时候，我不过是用防御封闭了过去，用改变逃避了现实，可在内心深处，我却要为此背负着沉重的负担。因为，当内在的自己和外在的自己距离越远，就会越痛苦。如果不是真的改变自己，表面上的激励和鼓舞，形式上的积极与正面，有效期是很短的。

当我不再害怕看见那个真实的自己，我也就不再被恐惧逼迫着去扮演那个理想化的自己；当我不再刻意去维护某一种自我设定的形象，卸下心理的防御，不高兴的时候，不让自己强颜欢笑；不满意的时候，不让自己强忍着，我感受到了自在。

当我真正地学会理解自己时，我也学会了更好地理解他人。我们都是平凡的人，也许际遇不尽相同，但在某些特殊的时刻，大脑里的想法、外在的言行举止、内心的体验和感受，却是如出一辙的。当我能够接纳自己会有怯懦、自私、毒舌的时刻，而不否定自己整个人时，那么我也能够理解并允许他人也有这样的时刻，并依旧愿意给予他信任与温暖。

请允许自己和身边人有负面情绪

很多人在描述自己的情绪时，就像是在描述一件陌生的东西，或是尽量想剥离情绪和自己的联系，他们可能会这样说："不是我脾气大，爱生气，是你做得太过分"；更有甚者认为，只有理性的自己才是自己，而情绪是魔鬼附在了自己身上。

无论哪一种情况，都是在拒绝承认情绪出现或出现过，这种消极的对抗情绪，恰恰阻碍了情绪调节的发生。换句话说，你想要调节情绪，先得承认情绪——"我确实有点愤怒""我正陷入焦虑中"，而不是忍着或逃避。

我们可以做这样一个假设：有一对夫妻，丈夫在家很少做家务，对于这件事，妻子是很不满的。只是，结婚六七年，妻子一直没有工作，都是丈夫在赚钱养家。实际上，在家里照顾孩子、做家务，也是很辛苦的事，她心里有委屈，却一直忍着不说。

有时候，丈夫会邀请朋友过来玩，招待客人做一桌子的饭菜，事后还要收拾残局。妻子并不喜欢这样，每次做饭就已经很累了，还得花费1个多小时的功夫收拾厨房，期间还要饱受孩子的不断"侵扰"。

妻子是一个习惯隐忍的人，很少发脾气，这些事情她就默默地承受了。一次可以，两次可以，可天长日久，她也烦了。渐渐地，她开始变得不爱说话，经常打不起精神，觉得日子过得没意思。丈夫看到她这副模样，也很不理解：没有人招惹你，你为什么每天无精打采？待在死气沉沉的家里，谁受得了？

结果，可想而知，两个人相互不理解，关系慢慢变淡，甚至闹得不欢而散。

从小到大，经常有人教育我们说，要学会包容，学会忍让。然而，忍让真的能解决问题吗？为什么一定要容忍，说出自己的情绪，道出内心真实的想法，有什么错吗？看过那么多的事实，我们大概都看到了：容忍的结果，往往是积压更多的不满，让矛盾上升到不可调和的地步。

每个人的内心都有一个小王国，而我们理所当然地把自己视为国王，希望身边的每一个人都围绕着我们转，听我们的话，服从我们的意志。但生活不是童话，我们把自己当成国王，其他人也一样把自己视为内心世界的国王。所以，在绝大多数时候，别人都不可能顺着我们的意愿来行事。对于这样的情况，我们的感受往往是——你给我制造了烦恼，给我带来了痛苦，"他人即地狱"。

面对这样的情况，怎么做才是最恰当的？或者说，如何让他人不是地狱？答案，依然要回归到我们自己身上，那就是把自己身上的这个地狱化解掉，承认自己是一个有情绪的人，也承认别人是有情绪的人；我们有舒服地做自己的愿望，别人也有这样的愿望。只有承认情绪的存在，我们才可能跟自己的情绪、跟他人的情绪握手言和。

在玩具店里经常会看到这样的情况：家长不给小孩买某款玩具，孩子就开始哭。这个时候，父母会觉得孩子不懂事，引起围观，遭到评议，然后就训斥孩子，指责孩子没出息。遭到了批评的孩子，非但没有变得听话，反而哭得更严重。

小孩喜欢玩具是天性，如果孩子到了玩具店，看到每个喜欢的玩具都压抑着自己，装作不喜欢。当父母要买给他的时候，他也忍住说："不，我不要，谢谢。"这样的小孩，还是小孩吗？面对这样的孩子，你不觉得心疼吗？

借由我们前面说的，要承认自己和他人都是有情绪的人，我们不妨蹲下来跟孩子沟通："妈妈看得出来，你很喜欢这个玩具，对吗？"对此，孩子一定会点头承认。你可以继续与他沟通，"不同意给你买这个玩具，你心里不开心，有点难过，对吗？"多数时候，孩子听到这句话，会委屈得掉眼泪，因为他的难过和委屈被共情到了。

然后，你可以再向孩子表达你的情绪："妈妈理解你，但你刚刚的行为，也让妈妈不太开心。我不同意买玩具，是因为……你能理解妈妈吗？"当你能心平气和地接受孩子的情绪，并且把自己的感受和原因告诉孩子，往往就能把问题处理掉，既不让自己带着愤怒，也不让孩子带着委屈和伤害。

下一次，再碰到自己的情绪或他人的情绪时，希望你也可以勇敢地承认它。承认，本身就已经是在接纳了，因为容忍和逃避的底层逻辑是——"我不想它对我的生活造成影响，我讨厌它，我不该这样"，或者是"你不该这样对我，我讨厌你这个样子"；而接纳的底层逻辑是——"我有些难过，但没关系，我理解它的出现，也能接受它伴随我一段时间。毕竟，我也是一个普通人……"你感受到了吗？承认的背后，是一种对真实自我的善待，也是对他人的包容，这里面饱含着爱与信任，这是生命中最有力量、最为宝贵的东西。

生而为人，拥有欲望并不是罪恶

自媒体圈的一位朋友，曾跟我吐露她在运营公众号过程中遇到的纠结。

她的文笔很好，想法独到，有好几次看到她的推文，我都感到震撼，分析的视角太独特了。由于更新频繁，又总能有出人意料的好文，她的公众号粉丝增长得很快，且阅读量也越来越高，有不少文章经常被大号转载。

公众号做得好，广告商也嗅着味道找到她。她并不是什么广告都接，害怕伤到读者，在精挑细选之后，推荐了一款日用品，也拿到了自己的第一笔广告费。这原本是一件好事，可还没顾得上开心，就遭到了一大群粉丝的不满和谴责。

"没想到，你也开始接广告了，失望。"

"本以为你不食烟火，原来都是假象，最终还是没禁得住铜臭的诱惑。"

"取关了，初心也不过如此，还有什么值得相信？"

"……"

看到这些留言，她心里五味杂陈。我问她，到底是什么感受？她说了几个词语：委屈，愤怒，焦虑，憎恶……我相信，那都是她最真实的情绪和感受，但之后她又说了一句："我还有一点内疚，好像自己做错了什么。"

"做错什么了呢？"我继续往下问，希望她能更多地向内探索出一些东西。她思考了一会，带着不太确定的表情，缓缓地说："好像是，我就应该老老实实地写文字，把有价值的想法传递出来，不应该和钱扯上关系。似乎，'赚钱'这个想法，在这里是不该有的。"

我很想知道，为什么她认为在运营公众号这件事情上，不该有赚钱的想法？她没有直接给出答案，大概是自己也没有想得特别清楚，最后只是隐约地提到：写字是一件发自内心的喜好，有那么多人欣赏自己的生活态度，害怕因为钱的问题，被人贴上"庸俗"的标签。

很多人的内心都存在类似的挣扎，似乎潜意识里认为：承认欲望是一种罪恶。像我的这位自媒体朋友，一直被粉丝视为知性女子，那么有生活情趣、思想超脱的人，喜欢钱未免太庸俗了；也有人对性的问题心存芥蒂，哪怕夫妻生活不太理想，也不敢表达出自己的感受，总觉得有这样的欲望是羞耻的。

生而为人，对金钱有欲望，对性心存期待，是罪恶吗？

不，生而为人，这都是再正常不过的需求，就如同饿了想吃东西、渴了想喝水、累了想休息、孤单了想有人陪伴一样，但没有人会因为这些问题，而指责我们说"不该如此"。

欲望，是人与生俱来的正常反应，本身没有对错之分，错的是因为欲望而做出危害他人的行为。生活是很现实的，需要金钱和物质的支撑，一个每日更新、持续输出的自媒体人，发布的每一篇文章背后，都藏着日积月累的辛苦。

要在生活中阅读大量的书籍，积极地寻找并发现素材，要构思文章的题目和框架，要静下心来去撰写并修订，写好后精心排版选图，最后呈现给读者走心的内容……这些付出，难道就应该是免费的吗？这些专职或兼职的写作者，也需要一日三餐、缴纳房租、偿还贷款、养家糊口的，他们一样背负着生活的重担，对于这样一个倾注大量心血、时间、精力的撰稿人，指责她在公众号接广告，鄙视她赚取广告费用的行为，是否太残忍了呢？

不可否认，公众号接广告是为赚钱，但依靠自己的劳动去赚钱，不可耻；想要给自己和家人更好的生活，努力地靠自身才学、靠经营内容来赚钱，也不可耻。喜欢钱，不是罪恶，不偷、不抢、不违法伤人，更无须背负内疚。

人活一世，时时刻刻都会对一些东西产生欲望，这是人性中的一部分，不用去鄙视它，也不用去厌恶它。欲望，本身只是欲望，并不代表什么。我也喜欢金钱，但不代表我唯利是图，为了金钱不择手段。我正视这一欲望，并选择更努力地学习、更努力地工作，争取更多的业务，做好理财规划，努力去实现心中所想。

人都会有欲望，当我们能够直面这些欲望，不去诋毁它、压制它、憎恶它，而是选择正视和接纳，并为实现合理的欲望付诸努力时，最终会在事业、爱情、生活层面变得越来越好。同时，我们也会变得更有共情力，协助身边的人处理和欲望有关的问题。

究竟是讨厌别人，还是排斥自己

某日午后，艾莉与朋友在咖啡厅叙旧。邻桌的女士正在打电话，说着说着便开始破口大骂。从话语中能听出来，她是在跟自己的丈夫通电话，因为提及了他们的婚姻，还有婆婆、孩子的事。吵嚷了片刻之后，那位女士气急败坏地走了。

看到这一幕，艾莉摇摇头，低声跟朋友说："何必呢？就算婚姻维持不下去了，也用不着这样诋毁爱人和婆婆吧？"然后，她们继续天南海北地闲聊，不多时也提到了家庭的问题。

现在，艾莉的孩子一直是婆婆照看，对于如何管教孩子的问题，两代人始终有分歧，对此艾莉也有点不满。她抱怨了一通，说婆婆如何溺爱孩子，又说丈夫的立场不坚定……朋友看着她，不禁笑了，说："瞧，你现在不是也在发牢骚吗？说丈夫、说婆婆，就是没刚刚那位美女的脾气大。"艾莉叹了口气说："唉，估计是谁，遇到这样的事都得唠叨唠叨，这就叫'家家有本难念的经'。"

其实，不只是艾莉，还有很多人，包括我自己，都曾犯过类似的错误。我们觉得自己的内心世界是"完美的"，跟那些看起来"穷凶极恶""爆粗口""素养不够"的人，完全不一样。可事实上，很多时候我们跟他们并没有那么大的区别。可事实上，我们只是所处的立场不同，没有置身于其中，经历他们正在经历的事，所以才会主观地"评头论足"。

在心理工作坊认识的一位伙伴，曾分享过她的一段经历，让当时的在座者颇有共鸣。

在公交车上看到一位母亲，不知道出于什么原因，对自己的儿子破口大骂。我当时就想："这个女人实在太'过分'了，孩子也是自尊心的，怎么能当众这样训斥他呢？如果我以后有了孩子，我肯定不会这样做。"

可就在那天，我回家之后，突然发现自己新买的那个摆件碎了，那是我逛了很多家店才买到的，爱不释手。母亲告诉我，是小侄子在家里跑闹，不小心摔碎的。虽然我知道他只是孩子，也只是无心犯的错，可我还是忍不住大发雷霆了，吓得小侄子哭了。

那一刻，我又想起了公交车上的一幕，原来我也有可能会像那个女人一样对待孩子，我身上也缺少宽容和耐心的特质，只是我自己不愿意承认而已。

德国作家托马斯·曼说过："不要由于别人不能成为你所希望的人而愤怒，因为你自己也不能成为自己所希望的人。"我们应当意识到，那些我们不喜欢的人、看不惯的人表现出来的特质，我们也有。我们之所以对别人表现出来的某些特质感到不屑和厌恶，是因为我们不愿意承认和接纳它的存在。那么，如何才能控制这种抵触的心理呢？

大家都知道，有个词语叫作"换位思考"，生活中一旦发现自己又开始挑剔和厌恶别人所表现出的某些特质时，就可以用它来提醒自己，如此你便能想通很多问题。

比如，一个青少年整天不务正业，不是泡网吧，就是跟别人打架，偶尔还会偷东西，对自己的父母也不尊敬，甚至还总是埋怨。看到他的种种行为，相信很多人的第一反应都是"这孩子太不像话了""这孩子没前途了""简直就是不孝子"。

这个时候，有多少人转念想过：他为什么会变成这样？假如你跟他一样，从小父母离异，没有家庭的温暖，周围的邻居看不起自己，在学校里经常遭受同学的恶意凌辱、老师的冷嘲热讽和训斥，你幼小的心灵如何能够承受？是否有可能也会变成他现在的样子呢？

再如，电视里经常出现这样的画面：妻子发现丈夫有了外遇，歇斯底里，跑到丈夫的公司里大吵大闹，或是当众羞辱第三者，俨然一副泼妇的姿态。丈夫原本还存留的一点歉疚和悔意，也荡然无存。见此情形，很多人都会说："这女人疯了，太不理智了！""为什么不私下里跟他谈呢？""弄得满城风雨，对你有什么好呀？真是没头脑"……诸如此类的评价很多，总之是鄙夷她冲动的做法。

这个时候，有多少人想过：她为什么会丧失理智？假如你是她，在他最穷困潦倒的时候你不离不弃，陪他一起创业；公司刚起步的时候你起早贪黑，风里来、雨里去，付出了太多的艰辛。结婚十几年，你悉心地照顾他的父母、抚育你们的孩子，上上下下、里里外外的事都是你一人在打点，为的是让他能安心发展事业。

如今，他事业飞黄腾达了，却忘记了昔年的旧情，忘却了还有一个为他日夜操劳的人，你会作何感想？你会不会感到心寒，会不会感到气愤？会不会忍不住内心的痛苦想找他问问清楚？或许，换一种情境，我们的表现并不会跟她有多大的不同。

当我们伸出食指指着别人的时候，中指、无名指和小指都在指着自己。尝试设身处地、将心比心，把自己想象成各种各样的人——快乐的人，悲伤的人，贪心的人，吝啬的人，暴躁的人，等等。当我们发现自己也有可能成为像他们一样的人时，自然就会有一份理解和原谅。

想通了这一点，我们在生活中就不会再刻意掩饰某些消极的特质，因为在特定的情景下，它们自然会表现出来，而不处在那样的情况下，消极特质也就不会形之于外。当我们包容了人类所有的可能性时，就不会再轻易感到不舒服了。

PART
06
6

接 纳

你我都不完美，但也没关系

"当人们开始去看、去听、去思考，

当人们能够不带评判地付出与接受，

当人们从关系中获得滋养和力量，

这时候，人与人之间的能量才叫作连接。"

迷恋期：我爱你，你满足了我的期待

我们经常会听到一些女孩子讲："刚开始追求我的时候，他很会献殷勤，让我觉得他特别体贴。交往一年之后，完全像变了一个人，我真是觉得自己被骗了。"这样的感受，可能多数人都有过，当初选择伴侣的时候，被眼前的他（她）吸引了心神与目光，彼此的眼里和心里都是笑意。可是，在朝夕相处了数月或数年之后，欣赏慢慢变成了厌恶，爱意也变成了怒火甚至恨意。

到底是什么破坏了亲密关系呢？真的是对方变了吗？

不尽然。其实，在每一段人际关系中，我们都会经历亲密感的不同阶段：迷恋期、幻灭期、整合期。在彼此认识、相互了解这条艰难颠簸又充满惊喜的路上，我们常常会在这三个不同的阶段跳动。初相识的美好，是因为我们正陷入迷恋期，觉得伴侣体贴温柔、美好至极。可当迷恋期过后，进入了幻灭期，就会发现伴侣不那么美好，也有狂妄自大、歇斯底里、不可理喻的时候。当我们顺利地度过了这段磨合期，就又可以迎来更加亲密的连接。

现在，我们就从亲密关系的第一阶段迷恋期说起。

从某种意义上来说，共情是客观性的同义词，它意味着能够如实地、不加扭曲地看到这个世界本来的样子。这一点对于亲密关系来说至关重要，埃里希·弗洛姆曾在《爱的艺术》中这样说道："我必须客观地去认识对方和自己，以便使自己能够看到对方的现实状态或者能够克服幻想、克服我想象中被歪曲了的他的图像。我只有客观地认识一个人，才能在恋爱关系中了解他的真正本质。"

可想而知，对于刚刚坠入爱河的伴侣们而言，这是很难的一件事。在迷恋期这一阶段，我们总是会为自己和对方创建一幅画像，这幅画像并不是真实的，而是否认自己一部分真实的样子，只保留某些特征或典型形象。这个图像是一个幻想，而我们爱上的也不是真实的人，而是一个通过仔细打造来满足我们需要的人。

克里斯多福·孟在《亲密关系》中指出：开始和维持一段亲密关系背后的真正动机，其实在于需求。我们追求或吸引别人来做我们的伴侣，是因为我们需要他/她的陪伴、照顾、了解、支持、赞赏、抚摸和相拥而眠。

——"她谈吐文雅，看起来很有修养，和她在一起相处很舒服。"

——"他成熟稳重，看起来不急不躁，和他在一起很有安全感。"

看，这就是爱上图像的感觉，很美妙的，很舒服，因为图像那么完美，符合我们的想象，且能够满足我们的需求。在这样的状态下，我们很难把对方看成一个会发展、会变化的人，而对方的意义也只是能够带给我什么。换句话说，这就相当于把人看成了物体，希望它能够一直保持不变，永远符合自己头脑中的图像。

想要和完美的图像在一起，另一方也要努力彰显最突出的美好特质，成为一幅能够让对方感觉满意的图像。于是，戏剧化的情节就出现了：不够自信的男士 A，很容易被自信满满、乐观向上的女士 B 吸引，但女士 B 也没那么自信和独立，她只是为了吸引 A 伪装出来的。

这样的关系想要平稳而美好地延续下去，彼此都要保持和图像相符的状态，一旦暴露自己就意味着要承受风险。可现实是，没有人能够真的活成那幅理想的图像，我们都是有血有肉、有思想和情感的人。随着相处的深入，那些原本就存在于伴侣身上的缺点总是会暴露出来——他长了粉刺，她牙齿缝隙大，他睡觉打呼噜，她虚荣心很强。

两个人步入婚姻后，矛盾就爆发了，A 觉得 B 没有那么积极乐观，总是为了生活中鸡毛蒜皮的小事抱怨；B 也觉得 A 不像当初那样理性沉稳，做事总是畏首畏尾、唯唯诺诺。当初的理想伴侣的图像幻灭了，彼此都跟自己所想的不太一样，期望落空的感觉令人沮丧，生活变成了一地鸡毛。

生活中类似这样的例子比比皆是。以需求为驱动的爱，只有在对方不断的回应和满足中才会有安全感，这就注定了亲密关系会遇到种种挫折。因为没有任何一个人能够时时刻刻满足我们的所有需求。当期望变成了失望，我们就会忘记在刚开始亲密关系时的那份喜悦与美好，当愤恨不能化解，就会进入到第二阶段——幻灭期。

幻灭期：你和我期待的样子并不一样

28岁的女孩牧婉，至今谈了4次恋爱，每一次都以分手告终。

提起之前的那些恋爱对象，牧婉充满了失望，她总觉得是自己遇人不淑，甚至声称"男人都是骗子"。偶尔，她也会自责，说自己不懂得汲取教训，每次都是草率地恋爱，又稀里糊涂地分手，没有更多地了解对方，看清对方的"真面目"。

上述的故事版本是牧婉的口述，事实真的如她所说吗？

刚刚认识男士A时，牧婉被这个男人的儒雅气质吸引了，然后她竭尽全力地制造与男士A相处的机会。终于，男士A被性感又健谈的牧婉打动了，两人开始正式交往。可是，时隔一年后，牧婉的心思已经在男士B身上了，她吐槽男士A说："我以为他在生活方面应该挺有品位的，没想到竟然是一个吝啬鬼，买什么东西都要算计来算计去，真是受不了。"

此时的牧婉开始迷恋男士B，并对其进行理想化，说他这个人非常有主见，对许多事情都有自己独到的看法，不会人云亦云。可是，这样的迷恋也只持续了一年半，她说："他太自私了，不会关心别人，还很喜欢撒谎。我简直太天真了，竟然会被这样一个男人迷惑。"

这段恋情结束后不久，牧婉的身边又有了新的伴侣。只不过，这段感情依旧没有跳脱从无比迷恋到理想幻灭的模式，最终还是以牧婉移情别恋而告终。就这样，一路走到现在，牧婉还在寻觅那个"对的人"，但她也似乎意识到了什么——身边的朋友所选择的伴侣，好像也不尽如人意，可他们却能一直维系这段感情（或婚姻）；与自己分手之后，前几任男友也都开始了新的生活，其中有一位已经结婚，而他的另一半完全能用"人美多金"来形容。

以上是牧婉感情故事的另一个版本，也是真相的一部分。那么，牧婉的问题究竟出在什么地方呢？是真的遇人不淑，还是另有隐情？要弄清楚这个问题，我们就必须了解一个事实：任何一段关系，无论亲情、友情还是爱人，在度过迷恋期之后，都会进入幻灭期。

所谓幻灭期，就是随着相处的深入，忽然意识到，曾经让自己深深迷恋的那个人，竟然有那么多的缺点：说话声音很大、不懂得关心人、不太讲卫生、喜欢打断别人说话……总之，那个人并没有自己以为的那么完美，原来那幅美好的图像开始破裂。

在亲密关系的幻灭期，人们很容易出现这样的反应：

泛化：把事情进行同化考虑，把特例归纳为某种规律，比如："所有的男人都不值得信任""所有的女人都是骗子""爱情不靠谱""婚姻就是坟墓"。

投射：在对方身上看到了自己不喜欢、不想承认的某些东西，并将这些不想要的东西强加在对方身上，比如："你就不能在单位忍着点，就你有脾气？跟你一起生活，没沾到什么光，还得替你操心会不会失业！"这番话看起来是指责，其实背后有更深层的意义：

当初看你挺有抱负的，感觉你能带给我踏实的生活。当我意识到你没那么强大，甚至会失去工作和收入，让生活变得不再安稳时，我就想要责怪你——是你让我没有安全感，让生活不安稳。

非黑即白：把事情和问题简化为黑和白两种情况，不考虑真实生活的复杂性，比如："我就这样，要么你找别人""你要真在乎我，你就会听我的""要么你和我站在一边，咱俩是队友；要么你和你妈站在一边，咱俩是死敌"。

在幻灭期的阶段，亲密关系会陷入一种迷茫和不稳定的状态。因为当伴侣的理想图像破裂时，就意味着彼此要以最真实的模样来相处了，人们经常感慨的"相爱容易相处难"，指的正是这一时期。如果总是以上述的三种模式来处理问题，就会不断地引发争吵、冷战或指责，虽然彼此之间的感情并没有消失殆尽，却会觉得为了维系关系耗费了太多精力，身心疲惫不堪，感觉不到被滋养、被关爱、被理解。时间久了，深感疲倦了，或是被其他的人暂时吸引，伴侣中的任何一方都可能会像牧婉一样，选择结束这段关系再去重新开始另一段，沉浸在理想化他人和被他人理想化的激情之中。

幻灭期的存在，到底有什么意义呢？其实，它是为了帮助我们看清事物的本质，摆脱错觉。让我们从"向外寻找快乐"的错觉中跳出来，找到内心的真正需求，获得平静与力量。

这就要求我们放弃以需求为驱动的爱，选择用共情为亲密关系指引方向，接受理想化破灭的现实，敢于承认每个人都有不足和缺点，停止向外的指责，转而进行内省和自我成长。事实上，这也是亲密关系的本质，它不是要我们寻找到一个完美的伴侣，而是帮我们提供了一条探索自我的途径。完美的亲密关系，就是接纳自己和伴侣的好与不好、光明与阴影，最终实现自我成长，以及彼此成就。

以共情为核心的爱，会让我们拥有更深的洞察力，跳出"受害者思维"，100% 地为自己的生活负起责任。我们会检视自己的内心，反思自己对伴侣的挑剔与不满，有哪些是源于内心的缺失与不满，有哪些是自己不想面对的问题。如果我们能够认识到自己的不足，能看到自己的阴影，并且可以有所改进，那我们也不得不承认，伴侣也不是一成不变的，他也一样可以为此做出努力。

总之，要顺利度过幻灭期，直面自身的阴影是第一步，但仅意识到自己的不完美还不够，我们必须付诸行动，改变可以改变的部分，这一点至关重要。只有我们建立了成长性思维，接受了自己有待进步的信念，我们才能够进入到亲密关系的第三阶段，即成熟的、可以随时调整的，也可以实现自我转变的爱的最终阶段——整合期。

整合期：我爱你，因为你本来的样子

某天午后，安诺和男友准备开车去附近的麦当劳就餐。由于麦当劳餐厅的车位紧张，他们就把车停在了对面的一处停车场。停好车后，安诺想到 50 米远的一处烘焙坊买些甜品和酸奶，然后走去麦当劳。这个时候，男友提出想去卫生间，结果就发生了下面的一幕：

男友："我想去卫生间。"

安诺："咱们先去买点酸奶和甜品，就在这附近，几分钟就好，行吗？"

男友："我说了，我想去卫生间！"

安诺："一会儿就买完，这样可以带过去吃，省得再跑一趟了。"

男友："愿意去你去，我走了。"

说完，男友就奔麦当劳的方向走去，安诺也没有去烘焙坊，一路跟着男友过来。这个时候，男友很生气，因为每次安诺提出想要去卫生间的时候，无论是开车在路上，还是在其他什么地方，他都会第一时间考虑到安诺的需求，除非特殊原因无法实现，否则绝不会让她忍着。可是，轮到自己想去卫生间时，安诺却没有给予共情式的回应。

安诺起初也有些生气，觉得自己被误解了。出门之前，男友提到想吃曲奇和泡芙，她希望先买一些甜品再去麦当劳，这样能够顺路，又可以安心吃到喜欢的食物。没成想，男友非但不理解，还发了脾气。退一步说，就算是急着想去卫生间，不能好好说吗？

面对这样的情形，如果你是安诺的话，你会选择怎么处理？

——"就这么点儿事，至于发这么大脾气吗？"

——"生气就生气吧，我还一肚子委屈呢！"

——"恋爱真是烦人，真不如一个人来得自在。"

这些回应在亲密关系的幻灭期很常见，矛盾升级往往也是在这样的互动中形成的。不过，安诺没有采取上述的任何一种回应，她在心理上和行动上做了以下几件事：

·第一件事：承认男友爱生气，也接纳他这一缺点，因为每个人都不完美。

·第二件事：看到自己在这件事中存在的过错，没有在男友提出想上卫生间时，及时共情他的感受，回应他的需求，如"那赶紧去卫生间吧"；或者用合理的方式解决问题，如"你先去卫生间，我到烘焙坊看看，待会麦当劳见"。

·第三件事：理解自己的第一反应，因为她想去买甜品。平日里，遇到类似的情况，如果不是太着急，她可能会选择稍微忍一会儿，避免多跑一趟路。

·第四件事：以共情为基础，与男友进行沟通。

两人到了麦当劳后，男友先去了卫生间，随后找了一个位置坐下。这时，他的脸上依旧挂着生气的表情，安诺开口说："对不起啊，刚刚没有考虑到你的感受。之前每次我想去卫生间，你都会尽快想办法，第一时间紧着我的需求。我想了一下，我做得确实有问题。"

在被共情之后，男友凝重的表情慢慢舒展开来，他说："我和你的情况不一样，要是不着急的话，我就不会那么说了……看看你想吃点什么？"

这是生活中再常见不过的小事，但也正是类似这样的小事，磨灭了许多人对亲密关系的热情，在指责和埋怨中让争吵不断升级，各说各的理，各诉各的委屈。可是，我们还有另一条路可以走，那就是坦诚地互动，不去争辩谁对谁错，不去试图控制、改变或责备对方，以真诚的兴趣倾听、询问对方，接受彼此的差异，体验并理解对方的感受，作出共情式的回应。

整合阶段的爱是相互共情的产物，就像《治愈性连接》一书所描述的那样："因为每个人都能接收到对方的想法和感受并作出回应，所以，每个人不但扩充了自己的感受和想法，而且扩充了对方的感受和想法。与此同时，每个人在这段关系中都实现了成长。"

其实，亲密关系中最重要的感受，就是感觉自己被另一半理解和关注。沟通中的事件本身并不重要，感受到自己在沟通中被理解和关注才是在互动中缓释情绪、加深关系的重点。那么，怎样才能在亲密关系中建立并维持相互的共情呢？

关于"一段好的亲密关系是什么样"的问题，每个人都有自己的认知和信念。当我们和伴侣之间出现矛盾冲突的时候，这些信条就会不自觉地跑出来，影响我们的言行。看看下面的这些信条，是否曾经在你的脑海里出现过？

——相爱的人不应该吵架。

——在感情这件事上，男人就应该比女人主动。

——男人不会珍惜太容易追到的女人。

——如果不曾神魂颠倒地迷恋对方，这段关系肯定有问题。

——男人的职责是赚钱养家，女人的职责是照料家务、带孩子。

——女人是听觉动物，男人是视觉动物。

其实，这些理论信条都是单一维度的，所提供的解决问题的路径也是狭窄的。比如，有些女性认为，男人应该比女人主动，这就使她们在很多问题上都呈现被动的姿态，即便内心或生理上有正当的需求，也羞于启齿。这一信条可能跟她那个保守又严苛的母亲有关，当她意识到这一点，并且从这一束缚中解脱后，她就可以构建出新的、能够尊重自我感受和需求的信条。如此，她便能够坦然地做自己，表达自己的需求，与尊重和欣赏真实的她的人，建立亲密的关系。

用表达自己的感受代替对伴侣的指责

在发生矛盾的时候，许多人都习惯以第二人称"你"开头来表达自己在当下事件中的感受。其实，这种表述方法并不理想，因为用"你"来表述的话语通常具有攻击性，会引起对方的防御反应，接收信息的伴侣更多地感受到的是一种指责和抱怨，很难对你的感受产生共情。相反，还很容易激怒伴侣，让情感沟通陷入相互指责和攻击的恶性循环。如果我们换成第一人称"我"作为句子的开头描述自己的感受，情况就会有所不同。

用第一人称对自己当下的情绪感受进行表露时，我们可以更好地分辨自己在事件中的感受。同时，接收信息的伴侣会把重点放在你的感受上，会更容易给予理解和共情。在这样的情况下，伴侣也更可能对你进行安慰，或是自我反省并道歉。

现在，我们不妨体会一下这两种表述方式的差别：

A——"你这个人总是那么自私！"

B——"我觉得自己最近承担了太多的家务，很疲惫。"

A——"你还知道回来呀？也不看看几点了。"

B——"我等了你一晚上，这感觉挺难受的，特别孤独。"

共情给了我们一把打开幸福之门的钥匙，当我们愿意放下执念与期望，接受自己好与不好的特质，接受伴侣是一个有瑕疵、不足却可以成长改变的人时，我们就会发现，没有什么问题是彼此无法解决的。

感谢身边的伴侣，帮你看清自己

当我们了解了亲密关系的三个阶段后，对许多现实问题都会有不一样的认识。

达令是我在豆瓣里结识的一个姑娘，前段时间，她谈到了自己在恋爱中的一些问题。

和男朋友经历了三个月轰轰烈烈的热恋期，恋爱的温度开始慢慢回落到正常值。那三个月里，她和伴侣基本每晚都会打电话到很晚，甚至是开视频看着对方入睡，一周要见三次面。

前一周，因为男票连续有朋友拜访，忽略了达令，连着几天都没有像之前煲电话粥。冷却了几天，再见面之后，达令发现男朋友给自己准备了礼物，他还是关心自己的，只是这种关心不总是通过口头表达。

达令喜欢用言语表达自己的感受，而男朋友话不多，喜欢用行动表示。那次见面，达令见男朋友心情闷闷不乐，还以为他在生自己跟他冷战的气，问了许久也没有得到回应。结果，情绪敏感的达令，就觉得受不了了。

那天夜里，达令失眠了，她一边哭一边想：为什么每一次恋爱，对方一旦忽略自己，就会难过得不行？每一次恋爱，都是轰轰烈烈的，有时候家人、朋友的信息都懒得回复。一陷入恋爱中，世界好像只需要一个伴侣就足够了。

我问达令："除了恋爱关系上的降温，最近有没有发生什么其他的事情？"

达令是一个自我觉知力很强的姑娘，听我这样问，她立马就开始反思，并说道："我深夜痛哭，跟他有直接的关系，可是透过现象看本质，也许我是对现实生活的不满意，转移了矛盾而已。"

我有点好奇，达令为什么这样说？她解释道："最近因为疫情，学业、社交，都被限制了。室友纷纷搬走，一个人窝在家里，异国他乡，孤独是避免不了的，那亲密关系里的他，就成了自己的朋友、恋人、家人，也成了我学习学不下去、不想工作的借口，以及情绪的发泄口。"

总结过往的恋爱经历之后，达令自己得出一个结论："有些喜欢和爱，如果超了对方的承受能力，其实就是一种负担。这种恋爱方式，其实是不健康的，你自己觉得自己付出了很多，对方根本不需要这样超量的付出。你所说的'爱'，不过是对生活的无能，转移到伴侣上的'控制欲'。"

我还是挺惊讶的，对于一个没有心理学基础的年轻姑娘来说，能够有这样的觉知和内省能力，真的不容易。事实上，这也的确是问题的关键点，亲密关系的实质是一面镜子，折射出的是真实的自己，包括我们最不想面对的阴影。

对达令来说，她最不想面对的，是一个人的独处。在进入亲密关系后，她会无时无刻地想要和对方在一起，当对方因有事无法陪伴她时，如同掉入一个巨大的黑洞中，不知该怎么面对，也无法共情对方的处境和做法。

当亲密关系出现问题，当我们在关系中感觉很痛苦、很纠结时，那其实是成长的契机。

伴侣不是用来满足我们内在需求的，内心深处的问题，归根结底还是要靠我们自己来解决。伴侣不是我们的共生体，他是一个独立的人，需要有自己的时间和空间，再相爱的两个人也不可能时刻捆绑在一起。孤独，是每个人生命中的必修课，我们只是透过亲密伴侣，深入地认识自己，进而疗愈自己的创伤，最终成为一个完整的自己。

达令也认清了这个事实，她说："亲密关系的倦怠感总会到来，无论换多少个伴侣，总有一天，激情会褪去，对方会让自己不再那么小鹿乱撞，热血沸腾，彼此不再时刻黏在一起。但这并不意味着，对方不爱自己，也不意味着彼此的关系不再亲密。只是，我要学会跟自己的孤独相处，这是我自己的课题。"

我们的潜意识充满错综复杂的选择、记忆、想法、信念和感觉，这与我们成长过程中的经历有关。当我们进入一段亲密关系后，在跟伴侣的相处或者矛盾争吵中，会不断触发这个潜意识机制，会让早年的一些情绪重现，仿佛回到孩提时代，难以摆脱那种痛苦的感受。

在这样的情境下，我们无法共情伴侣，选择与之争吵，埋怨对方做得不好，内在的原因就是，指责伴侣远比面对自己的痛苦要容易。实际上，我们不该厌恶这样的时刻，只要诚心检视和追溯，这个过程会让我们不断发觉自己内心深处的症结，让我们更加了解自己。

当问题发生时，不要只是一味地把手指向伴侣，还要记得向内看看：你为什么会那么在意他说的某句话？你为什么会觉得自己很受伤？这种体验让你想起了什么？你愤怒的背后有没有恐惧存在？这些才是你需要关心的，也是解决问题的核心。

每当你觉得受到伤害，要记住，那是因为你有一个伤口。正是因为我们有一个或多个伤口，所以别人不经意地碰触，都会刺痛我们敏感的神经。我们的痛苦，不总是因为他人做错了什么，即便真的是对方做了某些事，那也是他们的事。除非我们身上有伤，否则无论是洒水还是撒盐，都不会让我们的情绪此起彼伏。

美好的亲密关系，不是要找到一个完美无缺的灵魂伴侣，也不是让对方满足自己安全、爱、性、情感、财务等所有需求，而是借由亲密关系伴侣的存在，看到我们在成长过程中缺失的部分，向对方表达此刻的痛苦情绪，借助共情的力量来面对伤痛。这个时候，疗愈就开始了，而彼此的关系也会变得更加亲密。

经营关系，永远要在自己的身上着力。

阴影被看见，不意味着关系会结束

你有没有做过这样的梦：不知何故，突然赤身裸体地出现在某个地方，那一刻胆战心惊，充满了羞耻感，无论是否被人看见，都恨不得赶紧逃离，或是找个角落躲藏起来？

怡雯有过这样的梦境，不止一次。只是一直以来，她无法理解也羞于启齿。直到那天，她无意间读到武志红老师的一番话，瞬间思绪决堤，脑海里像放映电影一般，把诸多零碎的片段拼接起来，故事是那么自然，毫无拼凑感和违和感。

原来，每一件事的发生都是有原因的。

梦境中的赤裸，与性的关系不大，它的本意是真实的自我。真正试图躲藏和逃避的，不是赤裸的身体，而是潜意识里那个真实的自己，被压抑得太久乃至已经无法辨认的自己。

怡雯在第一次看到村上春树写的"你要做一个不动声色的大人了，不准情绪化，不准偷偷想念，不准回头看……"时，就感到莫名的心疼。现在想来，她应该是在这句话里，瞥见了住在身体里那个脆弱无助的小孩。

很多家庭在遭遇巨变后，原来的模式会被打破，因为每个人都是带着创伤的，都需要去疗愈，用不同的方式，或错或对，或平缓或激烈。大概就是从那时起，怡雯开始不动声色了。不去说自己的心情和想法，所有的感受都留给了黑夜；不袒露自己的恐惧和脆弱，假装一切都不害怕；努力把一切事做到最好，让家人感到放心和踏实；承受着难以背负的压力，咬牙憋着眼泪却只字不提。

然后呢？在很多年里，她就成了一个"乐观坚强、独立能干，做事麻利、说话很快，隐忍大度，不惜委屈自己"的姑娘。时间久了，她以为那就是"她"，但其实她已经忘了自己最初的样子。外表的火热，内心的孤独，成了一对矛盾体，时刻在对同一个躯体进行着惨烈的撕扯。

　　人为什么要藏起真实的自己？看过《心灵捕手》这部电影的朋友，应该更容易理解。

　　有着数学天赋的、放荡不羁的清洁工威尔，能够在一个晚上就做出麻省理工学院数学教授兰博两年才能解开的难题。教授不想威尔的天赋被浪费，很想帮他，却遭到了拒绝。

　　威尔是一个内心分裂的男孩，教授为他找了 5 个心理医生，都没能走进他的内心。他用自己的辩才和智慧，羞辱嘲笑那些心理医生，所有的做法都是在掩盖一个事实，那就是怕被人看穿，怕不被接受。他是一个孤儿，在成长的过程中，遭受过养父母的多次抛弃。

　　后来，威尔遇到了心爱的女孩，尽管内心很在乎对方，却不愿意进一步交往，甚至一度想要结束，声称"现在她很完美，我不想破坏"，但其实他真正的心理是"自己给她留下的印象还算完美，不想破坏"。

　　对怡雯来说，情况也是这样：不开始就不会结束，就不会有被拒绝的可能，自然也就能够"不被看见"。她害怕把真实的自己暴露出来，怕不被接受、不被爱。然而，选择了回避和隐藏，也就等于选择了把爱推开。

　　怡雯和威尔一样，有过相似的行为选择，且都是在没有觉知的情况下。不愿意说出真实的想法，不愿意去谈真实的感受，不想面对曾经发生的一切，害怕暴露了真实的自己，就不会被爱，就会被抛弃。总觉得要以一个"完美"的形象出现在人前，才能赢得喜欢和尊重。

其实，这只是自我的臆想。真正不接受自己的人，不是外界的任何人，只有自己。正因为压抑了真实的自己，才让生活中的一切变成了自己不喜欢的模样。

第一次会面做治疗，威尔从桑恩的画中，看穿了他的心思。桑恩没有像其他心理咨询师一样放弃他，而是直接表达出自己的愤怒，甚至掐住威尔的脖子。这是桑恩与威尔的区别，他在感到愤怒的时候，会袒露自己真实的心声，表达出自己的情绪。

威尔发现，当一个人敞开心扉，允许真实的自我"被看见"，不一定意味着关系会结束。事实证明，桑恩的确拥有过一段非常美好的亲密关系。影片中，桑恩最后一直对威尔重复着一句话："不是你的错。"无论威尔做出什么样的反应，他都在不停地说这句话，直到最后，威尔抱着桑恩失声痛哭。那一刻，他真的与过去握手言和了，也终于意识到了，那一段被抛弃的经历只代表过去，不是他的失败，不是他的过错，而他应该活出自己本来的样子。

许久以后，怡雯终于也明白了这一点。她说，属于内心的那一份"平静"，藏在自我觉知与反省的路上。其实，我们只有勇敢地面对自己、接纳自己，才能由内至外地充满力量。这种力量是平和的、温柔的、慈悲的，因为它饱含了对自己、对过往的包容与爱。只有自己的内在圆满了，我们才可能以真实的自己遇见真实的爱人，在真实的关系中建立深度的连接。

7

PART 07

边 界

设定界限，摆脱共情伤害

"只要你知道事情是怎么回事，你就可以决定要不要进行配合。

共情会告诉你什么时候可以表示同意，什么情况下要拒绝。

共情知道怎样设定边界，划清界限。"

任何一种情绪体验都是双刃剑

没有任何一种情绪体验是绝对有益或有害的：痛苦能让我们回到此时此地的现实之中；内疚能让我们重新检查自己的行为目的；悲哀会让我们重新评价目前的问题所在，并改变某些行为；焦虑能引起我们的注意，多为未来做准备；恐惧则能动员起全身心，让我们保持高度清醒，应付险情……这些痛感，从某种意义上来说，也是一种动力。任何一种情绪，如果能被妥善利用，都能让生活变得更好。

共情是一种理解别人的想法、体会别人的感受，能够设身处地地站在他人立场思考问题的能力，可以分为认知共情与情绪共情。认知共情，是指在没有任何情绪传染的情况下，也能理解他人脑海中想法的能力；情绪共情，是指如果你遭受痛苦，会让我感到痛苦，让我也身临其境般地体验到你的感受。毫无疑问，共情能够让我们与人建立深度的连接，拥有更融洽的人际关系，并从与他人的共情之中收获快乐。可是想象一下，当我们每时每刻都要完全地敞开自我，接纳他人的情绪感受，谁也不敢保证自己不会落入崩溃的深渊。

所有认识陈思的人都觉得，他是一个靠谱的人。读大学的时候，寝室里一共 6 个人，陈思知道每一个室友的秘密，因为他们都曾私下把他当成了值得信任的"树洞"。他能够理解和吸纳各种人的悲喜，甚至比当事人的喜怒哀乐更强烈。

在身边人看来，有这样一位贴心的朋友是人生幸事。可对陈思来说，这份超强感受力带给他的，除了朋友获得安慰之后由衷说出的"谢谢"，更多的只能是独自品尝的苦涩：发生在别人身上的糟糕的经历，以及别人传达出的负面情绪，好像一层挥之不去的薄雾，笼罩着他的生活。

当共情力无法自控，或是超出了身心的承受范围时，对当事人而言就是一种伤害。美国南加州大学医学院博士朱迪斯·欧洛芙根据临床观察发现，当共情者被他人的情绪淹没时，他们可能会出现焦虑、惊恐发作、抑郁，以及慢性疲劳等心理和身体症状。无独有偶，《心理与健康》发表的一项研究同样发现，父母的共情能力越强，他们越有可能经历慢性炎症的困扰。

共情力是人与人之间联结的纽带，懂得共情他人有益于人际交往。但如果共情力太强，也可能会破坏人际关系。相关研究发现，不少共情力过强的人对社会刺激高度敏感，但他们又无法很好地处理这些刺激。在这样的情况下，有相当一部分人会选择封闭自己的感受，或是对人际互动保持消极的期望。丹麦家庭治疗师杰斯珀·尤尔曾经把"共情力"和"攻击性"称为存在的双胞胎。共情过度的人总是能够迅速而敏锐地捕捉到他人隐藏的冷漠、拒绝和威胁性，这也使他们给人一种"太敏感""太容易生气"的印象。

不少朋友感到好奇：为什么有些人会陷入过度共情的漩涡？难道这也是一种人格特质？

相关研究显示，这可能与大脑中过度活跃的镜像神经元有关，镜像神经元可以通过过滤情绪，来识别和理解对方的情绪。过度共情者被认为拥有高度反应的镜像神经元，因此会与他人的情绪感受产生深刻的联结。不过，也有心理专家认为，共情是一种选择。在高度宣扬共情力的社会氛围下，有些人会因为自己拥有读懂他人并给予帮助的能力而感到自豪。实际上，这也是在努力地学习察言观色。

在一般人的眼中，高共情能力者给人的印象往往是善解人意、包容性强、情商高，且有很强的责任感与正义感。但从另一个角度来看，高共情者也可能极度敏感，很容易形成讨好型人格，在人际关系中过度付出、错误牺牲，太在意他人的看法，容易为人际关系和自己无能为力的事情备受折磨，引发焦虑和抑郁。

所以说，共情力不总是一件美好的礼物，善解人意也不是生而为人的唯一价值。在保有共情的同时，我们也需要保持理性，做真实的自己，把生命和精力用在值得的事情上，尽量和那些能够滋养自己、让自己变得开心的人在一起，而不是以来者不拒的姿态去透支生命的能量，沉溺于外界负面的人与事里。

内观：你是一个过度共情者吗

曾在网上读到过一篇文章，里面提到一个有关共情者的案例。

29 岁的西沃恩是洛杉矶人，她在年轻的时候偶尔会感到原因不明的疼痛。她被精神科医生诊断为患有抑郁症和焦虑症，并出现严重的惊恐发作反应。西沃恩的情绪很不稳定，医生认为是躁郁症的缘故，但她自己却坚信心理疾病并不是唯一的原因，她的情绪波动和疼痛与其他人有关。

"如果我脖子或肩膀疼，我就知道有人正在承受很大的压力。我会给周围的人发消息，看看压力来自谁，有些跟我关系密切的人会告诉我他们感觉很糟糕。我能感受到我丈夫什么时候在发愁，我会问他在愁什么，他通常都是先支支吾吾，但最后会告诉我，他确实遇到了糟糕的事情。"关于这一点，西沃恩后来在阅读"共情者的 31 个特征"时发现，自己基本符合文中提到的所有特征。这也让她意外地发现，自己有时会喜怒无常或刻薄蛮横，是因为接收了他人的能量。

西沃恩的经历听起来似乎有些诡异，让人将信将疑，但它确实提醒着我们，共情能力太强很可能会给自己带来伤害。发表在《情绪》杂志上的一篇研究提到，研究人员曾经通过提问的方式对 66 名男大学生被试的情商（包括共情）进行测量，如：给被试提供人的面部图像，要求被试回答图片中的人在表达哪一种情感，表达情感的强度有多强？随后，被试们要在主试面前保持面无表情地发表一小段讲话。另外，研究人员会在被试做表情之前，测量他们唾液中的压力激素皮质醇的水平。

研究结果现实，共情能力强的学生在接受实验操作后，压力激素水平上升较多，也就是说他们感受到了更大的压力。同时，他们唾液中的压力激素恢复到正常水平所需要的时间也更长，这说明他们需要花费更长的时间才能平复自己的情绪。

过往的不少研究也发现，对他人的情感太过感同身受的人，更有可能出现抑郁症状。于是，有人就给这种共情能力过强的情况起了一个名字——"过度共情综合征"。

那么，如何判断自己是否存在过度共情的状况呢？

总能敏锐地捕捉到他人不易察觉的细节

小 Q 因为暂时的经济拮据，向身边一位要好的朋友开口求助，希望对方能借给她 1 万块钱，两个月后归还。朋友听后点点头，沉默了几秒钟，答应了小 Q 的请求。然而，在沉默的那几秒钟里，小 Q 捕捉到朋友脸上闪过一丝迟疑，这让她心里有些不安。回家之后，她脑海里不停地闪现出那个表情，并忍不住对朋友的迟疑进行解读，这让她心里萌生了一丝内疚感，总觉得借钱这件事给朋友带来了不好言说的麻烦。

这就是过度共情者的表现之一，总能敏锐地捕捉到他人未曾察觉的细节，并且对捕捉到的细节进行思索和解读。只不过，有些时候他们捕捉到的细节与当下发生的事件并没有太多的关联，所以他们经常会庸人自扰。

过分地关注他人的情绪变化

大卫最喜欢说的一句话就是——"你怎么了"？每当和家人、朋友或同事在一起时，但凡对方在情绪上稍有波澜，大卫立刻就能觉察到，特别是悲伤、愤怒、失望等消极情绪。在大卫面前，几乎任何人都没有办法掩藏自己的情绪，哪怕他们表现得很平静，口口声声称自己没事，大卫也能够觉察到对方内心的变化。

被他人的消极情绪卷入难以自拔

邱邱是一位知名的舞蹈演员，每次参演之前都会进行辛苦的排练。休息期间，助理安慰她说"辛苦了"，邱邱却说："我付出的辛苦和演出的收入是持平的，真正辛苦的是那些伴舞"，为此她还经常出钱买补剂鼓励伴舞们，总觉得她们比自己辛苦。

邱邱还很容易体会到周围人的情绪和感受，并经常性地被卷入其中，甚至把无关的责任揽在自己身上。比如，未婚夫提出分手、闺蜜罹患重病，她总觉得是自己做得不够好，没能给予对方足够的关心，甚至觉得一切美好的事物都会离自己而去。有时，就连看一部悲情电影，她也会入戏太深，沉浸在主角的消极情绪中难以自拔。

为了取悦对方而牺牲自己的利益

日剧《凪的新生活》中的女主角大岛凪，就是一个特别会察言观色的女孩。她总能敏锐地感受到他人的情绪，且深受他人情绪的影响，会不自觉地照顾对方的情绪，无论是母亲、老板、同事、男友还是陌生人。为了让对方开心或满意，她会努力取悦对方，甚至牺牲自己的利益，似乎对方开心了，她也就"安全"了。这样做的结果是，凪活成了一个不被珍惜、不被善待的讨好型人格者。

在人际互动中，过度共情者很容易成为讨好者，他们能够敏锐地感受到对方的情绪，并小心翼翼地照顾对方的情绪，无法把自己和他人的情绪分离开来。为此，他们经常会受他人的负面情绪影响，并认为自己要对他人的情绪负责，有责任安抚他人的情绪。这会给他们的生活带来极大的干扰，他们自己也会倍感苦恼和焦虑。

以上就是过度共情者在生活中的常见表现，你觉得自己有这方面的倾向吗？如果有的话，也不必沮丧，把它当成一个成长的契机，它在提醒你需要强化边界意识。在任何一种关系里，个人边界都是重要且必要的，每个人都是一个独立的个体，需要对自己的情绪和行为负责，不要把这份责任推卸给他人，也不必将他人的情绪和行为的责任揽在自己身上。我们可以设身处地地去理解他人的感受和情绪，这样做的目的是让对方获得心理力量，去积极面对自身的处境和问题。给予他人共情的时候，记得把自己的情绪和对方的情绪区分开，要知道每个人都需要对自己的情绪负责，也只需要对自己的情绪负责。

设立边界，不必为他人的情绪负责

　　嘉嘉是一个共情力很强的女孩，这也使她在过往的二十余年里，一直背负着妈妈的情绪。

　　据嘉嘉讲述，她的妈妈是一个内向的人，不善言谈，生活节俭，又很倔强；爸爸热情健谈，很爱面子，经常和朋友外出喝酒吃饭，还出手阔绰地把钱借给朋友。妈妈心里很不满，认为爸爸不顾家，但又不太会沟通，只会自己生闷气，摆出一张不高兴的脸。见到妈妈这副模样，爸爸也不乐意，两个人经常闹冷战。

　　每次和妈妈对话，她都会把近期发生的那些芝麻绿豆的事跟嘉嘉念叨一遍，再数落丈夫的种种"恶习"。嘉嘉总是安慰她，把她的情绪照顾好，但结束对话后，嘉嘉的心情就会跌入谷底。她会责备自己没有能力，无法让父母融洽相处；责备自己赚钱太少，不能让家里的经济变得宽裕，这样的话，妈妈就不会总是为了钱焦虑。嘉嘉经常把自己代入妈妈的情绪里，想象着她在家里受委屈的样子，然后心疼得掉眼泪。

　　其实，家里的情况并不像嘉嘉妈妈说的那么糟糕。有时，嘉嘉在家里住的时候，也隐约察觉到了这一点，即便前一天晚上父母吵得不可开交，第二天早晨依然会听见他们讨论家庭琐事，像是什么都没有发生过，唯独她还沉浸在糟糕和痛苦的情绪状态里。

后来，嘉嘉踏上了自我成长之旅，开始通过咨询深入地探索自己，尝试解决心理上和生活中遇到的难题。在心理咨询师的帮助下，嘉嘉意识到了自己产生痛苦情绪的原因：她把自己代入了妈妈的情绪中，总想要分担她的痛苦。与此同时，咨询师也让嘉嘉明白了一个事实：父母之间的问题，应当由他们来解决，你没有责任去背负它们，也无力承担；妈妈对爸爸的不满，以及她感受到的委屈，都是属于妈妈的情绪。作为女儿，你可以选择倾听和安慰，也可以让她用其他的方式消解，每个人都必须对自己的情绪和行为负责，这是她的人生功课。

许多过度共情者都会陷入和嘉嘉一样的境地，对他人的情绪敏感且反应强烈，分不清楚自己的情绪和他人的情绪，总觉得自己要对他人的情绪负责，有责任让他人从痛苦中释然。其实，这就属于边界不清的问题，每个人都是独立于他人的个体，即便彼此之间的关系很亲密，即便对他人产生了共情，也当明确个人边界。

概括来说，要树立个人边界，摆脱过度共情的烦恼，需要从以下几方面着手：

分清楚情绪来自谁，不把他人的情绪视为自己的情绪

每一个共情者都会对他人的情绪感同身受，但健康的共情者只是感受到了对方的情绪，而不会因为对方的消极情绪产生焦虑、不安，迫切地希望对方尽快摆脱消极情绪。比如：一个人心情很不好，

他希望独自待一会儿；健康的共情者在感受到对方的烦闷情绪后，会主动为对方留出一个安静的空间；然而，过度共情者却会想尽办法让对方不再烦闷，似乎让对方开心是自己不可推卸的责任。

明确对方的情绪是否和自己有关，按捺立刻做出反应的冲动

艾女士说，她每次看到丈夫露出凝重的表情都会感到不安，总怀疑是不是自己做了什么事让他产生了负面情绪？为此，她总是会做一些讨好对方的举动，以证实对方的情绪并非指向自己，自己也不会因为他人的消极情绪而受到负面评价。针对这样的情况，过度共情者需要学会克制，按捺住想要即刻对他人情绪负责的冲动，不做出取悦对方的行为。

每个人都需要为自己的情绪负责，放弃拯救他人的全能自恋

缺乏界限感的人，总会和他人的情绪纠缠不清，把别人的事情当成自己的事情，把别人的情绪当成自己的情绪，总想拯救别人的难过，消除别人的愤怒，为此耗费大量的心力。这不是健康的共情，而是全能自恋在作祟——总觉得自己是全能的，觉得自己有必要在感受到他人的痛苦时去做点什么来拯救对方，要是不能让对方的情绪好起来，就会产生内疚感。

健康的共情，是可以理解对方的感受，愿意陪伴他去探索解决问题的途径，但不意味着要承担他的负面情绪，为他的情绪负责。对方是一个有独立人格的人，共情是要接纳现在的他（她），并相信他（她）有能力处理好自己的情绪和问题。有了这边的边界，就不会被他人的情绪卷入，这既是对他人的尊重，也是对自己的尊重。

所以，无论是父母、伴侣还是朋友，当我们对对方的痛苦感同身受，并涌起想要拯救对方的冲动时，先冷静几秒钟，试着提醒自己：这是他（她）的情绪，他（她）需要为此负责，我没有责任也没有能力承担他（她）的情绪，我要把属于他（她）的情绪还给他（她），默默地陪伴他（她），要相信他（她）有能力处理好自己的问题。

共情抚养要理性，父母也需自我关照

著名导演伍迪·艾伦，早年生活在一个缺少共情的家庭环境中。未满周岁时，母亲由于工作繁忙就将他交予保姆照顾，他只能和保姆培养感情。可是，家里的保姆经常更换，所以他根本没有机会与人建立持久的亲密关系。

同时，伍迪·艾伦的妈妈又是一个情绪不稳定的人，脾气很暴躁，在家的时候经常殴打他。这也使得伍迪·艾伦从很小的时候就学会了默默地忍受殴打。六岁的时候，他曾有过"想死"的念头，直至成年后他也一直在看心理医生。

这真的印证了一句话："幸运的人一生都被童年治愈，不幸的人一生都在治愈童年。"父母是什么样的人，以什么样的方式对待孩子，远比想象中更重要。谁也不知道，哪一句不经意的话、不在意的行为，会像蝴蝶效应一样在将来引发可怕的风暴。这也意味着，作为合格的父母，对孩子进行共情抚养是一门必修课，这能够给予孩子充分的安全感，让他们的情绪和感受都能被接纳和理解，从而获得健全的人格。

值得肯定的是，生活中有一些父母已经意识到共情抚养的重要性，并且付诸了实践。在此，我们不再赘述共情的具体方法，而是着重谈一谈父母在进行共情抚养的时候，如何避免陷入过度共情的误区，以及如何照顾好自己的情绪。

过度共情的教育方式会剥夺孩子的独立性

通常来说，过度共情的父母具备过度共情者的所有特质，他们非常敏感，总能看到别人看不到的细节，孩子的情绪稍微有一点风吹草动都能感知到，并且很容易被孩子的情绪所感染。他们总认为自己有责任帮助孩子去解决所有问题，甚至为了解决孩子的问题，经常忽略自己的存在，并且希望借此来充分感受到自己是被孩子需要的。如果孩子尝试着自己独立，不接受他们的帮助，他们会感觉自己被孩子排斥，从而变得沮丧。

过度共情会给父母增加压力，也会给孩子带来负面影响。简单来说，过度共情和溺爱很相似，把孩子照顾得面面俱到，其实是剥夺了孩子的独立性，不给孩子独立成长的机会。真正健康的共情，需要父母做好以下两件事：

第一，结合孩子的感受引导孩子独立思考，而不是没有原则地去认同孩子。

当孩子感觉一件事物很"讨厌"的时候，如果父母回应说"没错，就是很讨厌"，只会让孩子得到心理满足，但无法有效引导孩子对其进行辩证思考，看到事物的全貌。

相比之下，这样的回应可能会更好一些："你感觉这件事很讨厌，能说说原因吗？""这件事除了讨厌以外，对我们有没有另外的帮助呢？""你现在觉得，应该怎么对待或处理这件事？"

第二，充分理解孩子出现情绪波动时的想法，不要敷衍地说"我理解你"。

当孩子出现了情绪波动时，父母要了解到底发生了什么，在脑海中想象当时的具体情况，而不是敷衍地、格式化地回应一句"我理解你的感受"。如果孩子正处在消极的情绪中，父母可以采取一些科学有效的宣泄方法，让孩子的情绪得到释放。

总之，缺乏理性的共情，只是一份看起来很好的"圣母心"，实则起不到任何作用，既"拯救"不了孩子，也"拯救"不了任何人。共情是要尊重事实，了解现实事件和孩子的情绪状况，在理解和接纳的同时去引导孩子的行为，而非没有限制地纵容。

父母在共情孩子的同时需做好自我关照

善于共情的父母，能够在孩子面对情绪挑战时给予恰当的支持，但这并不意味着养育子女的过程会变得容易。总有一些时刻，孩子们的吵闹不休、任性邋遢，会击溃拥有共情力的父母，令他们感到疲惫、沮丧或精疲力竭。所以，尽管共情孩子很重要，但父母不能掉进"耗竭式育儿"的陷阱，要建立与维系明确的界限，找到自我安抚和自我照顾的方法。

如果父母把自己的生活与孩子的生活完全捆绑，没有丝毫的个人空间，很容易处于无力、无助或者是失控的状态。当内在能量被耗竭时，会觉得照顾他人是一种负担；当心的"油箱"是满的，照顾他人反而会感觉人生充满活力与目标。

父母们平时要照顾好自己的身体，人在疲劳或睡眠不足的情况下，很容易产生负面情绪。如果真的有了负面情绪，也不要积郁，可以寻求家人的理解、劝慰和支持，或是向懂得共情的朋友或专业咨询师寻求帮助。

如果对孩子的行为有不满，也不要忍着不说，这意味着你在放纵孩子的不良行为，同时也在积蓄愤怒的情绪。表达不满时，要就事论事，只讨论眼前这件事。万一偶尔没有做到共情孩子，甚至错怪了孩子，也不必太自责后悔，及时跟孩子解释清楚，真诚地道歉。其实，对于成长中的孩子，被冤枉、被错怪也是成长的一部分，他们要学习会承受、会谅解、会处理。如果你总是过分地自责自悔，很可能导致新的负面情绪，反而使事情更糟糕。

我们都不是完美的父母，也无须做完美的父母。所以，不必拿着刻度尺，小心地测量，或是像走钢丝一样战战兢兢。我们只需要拉着孩子的小手，一路陪伴、向前同行。

认识共情的阴暗面，避免被恶意利用

多数情况下，我们都在谈论共情美好的一面，毕竟在正常的人际互动中，共情确实能够给我们和他人带来诸多的益处和帮助。正因为共情太好用了，使得一些心怀不轨之人把共情当成了打破防御、操控他人的利器。所以，在谈论光明与美好的同时，我们也有必要认识一下共情的阴暗面，避免被不怀好意之人蒙骗、操控和伤害。

千万不要觉得，共情的阴暗面只存在于特殊的情境中，其实它经常会以不易觉察的方式渗透在我们的周围，哪怕是在人头攒动的街头，或是灯火通明的房间。共情的阴暗面，距离我们真的很近，每一天都有可能会体验到。

2013年7月，黑龙江某县城发生了一起少女失踪案。失踪者是一位在县人民医院实习的护士小乔（化名）。事后，小乔的同学提供线索表示，在小乔失踪当天的下午3点15分，她曾发微信告知，要送一名孕妇回家，已经到她家口。

警方调取监控发现，小乔的确在林业大院附近遇到一位摔倒在地的孕妇，她搀扶对方起来，并与之交谈了一会，然后将孕妇送进林业大院一单元后，就再也没有出来。当天晚上6点左右，监控里再次出现了这名孕妇的身影，她和一名男子合力拽着一个旅行箱，费劲地将其放在一辆红色汽车上，随后开车消失在监控中。

通过调查取证，警方最终认定，监控中的孕妇（王敏）与其丈夫（赵瑞）正是小乔失踪案的犯罪嫌疑人。被捕后，王敏对犯罪事实供认不讳。原来，自从她怀孕之后，无法与丈夫同房，就琢磨给丈夫找一个女人，代替自己和丈夫过夫妻生活。这个念头产生已久，只是一直没有机会实施。那天，她从医院产检出来，刚好碰见小乔，就故意摔倒在地。善良的小乔连忙将她扶起，她感觉小乔很好骗，就谎称身体不舒服，提出让小乔送她回家。小乔见她是个孕妇，想都没想就答应了。

把小乔骗至家中后，王敏用掺着安眠药的酸奶迷倒了小乔。就在丈夫赵瑞准备对小乔实施奸淫时，发现小乔正处于生理期。王敏本想把小乔放走，但赵瑞说事已至此，不能让小乔活着出去，否则他们会有麻烦。就这样，赵瑞用枕头捂死了小乔。事后，两人将小乔的尸体丢弃在荒郊野外。

小乔在看到孕妇王敏摔倒时，本能地产生了共情。可是，她没有想到，这份共情却被别有用心的王敏恶意利用了，将她拖进了死亡陷阱。这样的现实案例提醒我们，共情的阴暗面可能会被那些全世界人都会觉得很善良、体贴、脆弱、怜悯的人所利用，而且在看起来最不可能的时候，不知不觉地用在你我身上。

许多诈骗犯也惯常利用共情力，比如常见的保健品骗局。虽然这样的骗局早就被揭露，可依然有不少老人上当，为了保健品花掉了大量的积蓄。对老人来说，健康是他们最关注的，而骗子们又会拿出"亲情"的撒手锏，为老人提供体贴的服务，笑脸相迎、嘘寒问暖，长时间地陪老人聊天，让他们感觉比自己的儿女还要贴心和理解自己。于是，当骗子向老人推销保健品时，老人不仅不会拒绝，还会积极参与和宣传，很难听进周围人甚至家人的劝告。

共情力是好是坏，完全取决于使用它的人。对于热忱助人者而言，它是一份珍贵的礼物；对于心怀恶意或别有用心的人来说，它就是助纣为虐的工具。我们要学会保护自己，当发现一个人的共情行为是为了自我利益，而他的自我利益会给我们带来伤害时，那就一定要收好自己的善良，敬而远之。

8

PART 08

精　进

提升共情力的五个要点

"当你对他人表现出共情时，他们的防范意识会下降，积极的能量会取而代之。
这意味着你可以用更有创造性的方法来解决问题。"

思维：打破以自我为中心的模式

每个人身体里都有一个"自我"——我们本能地以自身角度认识世界，以符合自身利益的方式分析和理解他人的言行。这是共情的一大障碍，如果我们任由这种自我思维运作，一味地强调自己的感受，总认为自己的思考是合理的，而不体谅别人说话时的心境，是很难做到换位思考的。

说起陈暮，身边的人大都有这样的想法："这个人不值得交心，也不会与人交心。"

公司的一位同事因家中变故早早辍学，在外租房打工，陈暮却总是有意无意地在对方面前炫耀自己名牌大学毕业，每天住着高端小区，名牌衣服堆满衣柜，每天换不重样的首饰，结果惹得同事一见到她就躲着走。对此，陈暮的解释是："我没有做什么，她这个人太玻璃心，而且嫉妒心强……"

有个男孩苦苦追求陈暮三年，陈暮从来没有明确拒绝过对方的追求，孤单的时候求聊天，难过的时候求安慰。深夜，陈暮为了吃到喜欢的夜宵，让男孩绕大半个城市去购买……还美其名曰："我认为，喜欢一个人，为对方做什么事都是值得的，而且感到心满意足，我是在帮他创造这种幸福感。"

后来，陈暮喜欢上一位"海归男"，居然对这个男孩说："如果你真的喜欢我，你就帮我追到他。"男孩当然不愿意把自己喜欢的人送到别的男孩身边，结果陈暮用她的一番"神逻辑"指责道："你对每个朋友都那么热心，可以对他们付出那么多，而且你又喜欢我，为什么不肯帮我追喜欢的人呢？你太让我失望了，你的爱自私自利，只为了自己而追我，都不考虑我的感受……"

究竟是谁自私自利？答案一目了然。

看得出来，陈暮是一个缺少共情力的人。她一味地炫耀自己的家境，却不考虑同事此时此刻的境遇；她要求追求者无私地付出，却完全不在乎追求者的感受。她只是在自私地满足自己的欲望，却不尊重别人的权利和需要，很明显这就来自过度的自我主义。

现实生活中，类似下面的这些做法都是以自我为中心的表示：

习惯以自己的标准去衡量事情。

喜欢把自己的意愿强加在别人身上。

处理事情时总是以自己的利益为标准。

遇到问题时，总认为责任不在自己，而在别人。

不接受任何批评，听不进去别人的意见和建议。

人际交往讲究"互惠互利"原则，这个"利"不仅是指物质方面，还包括情感方面的接纳、尊重、理解等。人与人之间能够融洽相处，真正地实现共情，很大一部分原因就在于彼此懂得为对方考虑，互相尊重和理解。正如罗素所说，"幸福的获得，在极大程度上，是因为消除了对自我的过分关注。"

以自我为中心的意识，会严重地阻碍共情的流动。这里说的"以自我为中心"，并不是指完全的自私自利或者道德败坏，而是无法从宏观的、外在的、客观的视角审视自己。那么，怎样才能够克服以自我为中心的意识，更好地实践同理心呢？

公正地评价自己的观点

在进行自我评价的时候，我们难免掺入个人感情成分，更愿意接受自己所认可的观点，而排斥和自己意见不同的观点。若想克服"自我中心"思维，就要以旁观者的角度观察自己的言行，客观而公正，既不否定自己的优势所在，也不讳言自己的缺陷之处，才能做出全面而准确的评价。

从不同的角度看待问题

对于自己的观点，我们不能总持一种绝对正确的态度，应该认识到自己的观点难免会有不足和错误之处。由于每个人各自的身份、地位、经历、思维等不同，得出的看法和结论自然有所不同。如果你能考虑和理解他人的观点，从不同角度看待问题，那么认知和见解必然会更加全面。

心理学上，有一个著名的实验：一位心理学家用不同颜色的颜料涂抹一个圆球，一半染成红色，另一半则染成黄色，然后让两个实验对象分别从不同角度观察圆球，之后询问他们这个球是什么颜色。结果，一人坚持说球是红色的，另一人坚持说球是黄色的，他们都指责对方是"色盲"，看错了球的颜色，甚至开始争执不休。

最后，心理学家让这两个实验对象分别站在对方的位置，重新又看了一次那个圆球，他们这才发现，原来心理学家在圆球上做了这么一个小小的"诡计"。设想一下：假如那两位实验对象在探讨球体的颜色时，能够克服自我中心思维，认真倾听对方的意见，而不是一味坚持自己而否定对方，那么他们的交流显然不会以争执而告终。更重要的是，在通过充分的交流之后，他们很可能会成功"识破"实验中的"诡计"，更加接近小球颜色的"真相"。

自我审查，有意识地进行理性思考，会有效阻止自我中心的胡思乱想。哪怕只是无关紧要的一小步，也能让理性思维战胜自我中心倾向。一个人要么被自我中心思维控制，要么被理性思维控制。愿我们都能走出狭隘的自我认知，可以在不委屈自己，不影响别人的前提下，好好谈谈心、说说话。

沟通：在原生情绪层面进行沟通

许多夫妻来做婚姻咨询的时候，双方都有一个诉求：我们之间要有默契，我不用说，你就能懂。可真实的情况是什么呢？我以为你知道，原来你不知道；我以为你是这样理解的，原来你根本不理解。结果，相爱的两个人，误解越来越深。

共情之所以不容易，是因为人们很容易掉进"虚假共识效应"的陷阱，以为自己和他人活在同一个世界里，只是看问题的角度不同而已。可是，德国心理学教授彼得·迈克尔·巴克博士告诉我们，每个人都活在自己的世界里，有着各自不同的目标和需求，只是偶尔在一个共同的点上相聚而已。所以，同理心并不是常有的，我们只是偶尔动用一下。

麦子从单位回到家后，整个人都有一种要散架的感觉。看到丈夫坐在沙发上玩手机，她懒得言语，无精打采地走进厨房，开始准备晚饭。当锅里的油变热后，丈夫走到麦子的背后，笑着说："今天，我们单位……"话还没有说完，麦子就大吼了一声："走开！没看见灶上坐着锅吗？"丈夫被泼了一盆冷水，想要问问发生了什么情况，看到麦子一脸的不悦，悻悻地走出了厨房。

这时，麦子在厨房重重地摔盘扔碗，看到丈夫朝客厅走去，又扔出一句："就知道等着吃，一点儿眼力见儿也没有。"丈夫觉得麦子没事找事，简直不可理喻。两个人就这样吵了起来。最后，丈夫穿上衣服摔门而去，麦子坐在沙发上抹眼泪。

其实，麦子平日挺喜欢下厨做饭的，这一次真的是因为太累了。可是，习惯做"好好太太"的她，不会一进家门就说："累死我了，饿坏我了，老公你做饭吧。"她隐忍着继续扮演那个贤淑的主妇角色，压抑着自己内心的不满情绪，可最终那股怨气还是跑了出来。

情绪有两个维度，即情绪感受和情绪表达。前者就是我们内心真实的感受，后者就是我们表现出来的情绪。两者之间的差别越大，对我们身心能量的消耗就越大。麦子真实的情绪感受是"累"，但她在大部分的时间里都选择了"忍"，没有把这种情绪表达出来。她希望自己不说出来，丈夫也能看见，但每一次都没能实现。就这样，一次次的情绪积压，逐渐让她感到透支，力不从心。

无论在哪一种关系中，我们都渴望被看见、被理解，但有时之所以不能如愿，一是因为我们没有把情绪背后隐藏的真实需求和感受，清晰地传达给对方；二是对方没有足够的觉察力，透过我们直观的言行看见深层的需要。所以，无论是想被他人理解，还是想要去共情他人，都有必要了解"原生情绪"和"派生情绪"。

按照德国家庭治疗大师海灵格所说，原生情绪即是事件发生最初产生的、最自然的感受，往往很短暂，生起自如，一点都不夸张。如果能够让它自然地流动和表达，它会自然终结。比如，当亲人离世时，我们会难过，会痛苦。当我们允许自己哭泣，允许这种情绪流动时，很快就能够完成最终的分离。原生情绪是很短暂的，有它服务的目的。

派生情绪，往往是为了逃避原生情绪而发展出的种种感受，带着压抑的病态表现，比较夸张。它会让我们感到弱小、产生抱怨，表达出来后会让问题变得更糟。许多伴侣或夫妻，之所以关系紧张，就是因为彼此都没有在原生情绪上做沟通，而是在派生情绪上对峙，根本没有觉察到对方派生情绪背后的真实需求。

就像麦子和丈夫的这一场争吵，原本是可以避免的。

第一种情况，麦子把"就知道吃"这句话，换成"我今天累了，你能帮我一起做饭吗"，丈夫就会知道，麦子不是在冲他发脾气，她之所以打断他的话，是因为她感到疲惫，希望赶紧做好饭，能够休息一下。

第二种情况，麦子打断丈夫的话时，他能够敏锐地觉察到，麦子此刻正陷入负面情绪中，并且带着共情去问一句："你看起来不太开心，发生什么事了吗"，引导着麦子说出自己的真实感受，就能够知晓对方最需要的是什么，将共情付诸行动。

关于原生情绪，我们再结合一些生活中常见的情形来加深理解。

小艾很喜欢翻看男朋友的手机，见面之后，总是想方设法、明里暗里地查看他的微信。看到有不认识的昵称和头像，小艾心头就会紧张。如果男朋友不让她看，或者反感她看，她还会大发雷霆。

在这件事情中，小艾真正的原生情绪是恐惧，因为在成长的过程中，没有形成良好的依恋关系，她内心有强烈的不安全感，希望用这样的方式来让自己安心。一旦出现风吹草动，她就会情绪失控，表现得很愤怒。实际上，她不是真的生气，她是害怕失去，怕不被爱。

孙岩失恋后，他最真实的感受是难过和失望，可是"男儿有泪不轻弹"的观念束缚着他，他没有办法在人前表现出那份悲伤。渐渐地，这种原生情绪就被压抑了，派生出来的情绪就是，对前女友甚至是所有女性的愤怒和敌意。

想要跟小艾或孙岩进行有效的沟通，不能只看表面的行为和派生情绪，真正需要去共情的地方是他们的原生情绪，也就是深藏于心的恐惧和痛苦。同样，如果我们身处小艾或孙岩的境遇中，也要学会把自己的原生情绪表达出来，让对方了解真相。只有对方知道了你的真实情绪和感受，才能回馈给你真正需要的东西。一旦原生情绪得到了安抚，那些衍生出来的愤怒、焦虑，也就无处遁形了。

至于如何正确表达情绪，这里有一个简单的步骤，希望能给大家带来一点帮助：

Step 1：精确而简单地把你的情绪描述出来。

Step 2：询问对方为什么要这样说、这样做。（不指责，只是寻问原因，给对方解释的机会。）

Step 3：把对方给出的解释和自己的推测进行比较。

Step 4：再表达一次自己的情绪。

情绪就像发烧、咳嗽一样，它只是症状，我们不能只试图消灭症状，还要找寻症状背后的原因，对症下药。这样才能够让真实的情绪流动起来，让真实的需求被身边的人看到，给理解和共情一个有效的切入口，避免陷在派生情绪中争执不休。

滋养：做好自我照顾，为共情力充值

当我们深感疲惫和痛苦时，没有能力去共情他人，因为我们的内在能量是匮乏的，一个人无法将自己都没有的东西馈赠给他人。想要维系共情力的平衡，我们需要先斟满自己内在的杯子，做好自我照顾，为共情力充值。

那么，怎样才能做好自我照顾呢？关于这个问题，需要从三个维度来进行：

生理维度：良好的体能、规律的生活是共情力的根基

大家可能都有过这样的体会：在身体不适、睡眠不足、琐事堆积的情况下，我们往往会感觉力不从心，原本简单易行的事情也显得有些艰难，没有心思去照顾周围人的情绪感受，甚至多说一句话都觉得累。所以说，体能状态直接影响着我们投入工作与生活的能力，也是共情力的根基。只有具备了良好的体能，保证规律的生活，我们才能够应对学习和工作，享受休闲活动乐趣，从容地应对各种意外状况，并给予自己和周围人相应的心理支持。

要保证良好的体能，可以从以下几方面着手：

第一，认真对待一日三餐。

尽量少吃精制谷物、白米饭等单一化合物，它们会在体内迅速刺激血清素的分泌，而后很快失效。这就会导致情绪波动，不仅无

法缓解压力，还会让人感到疲劳、没精神。可以适当增加复合碳水化合物含量高的食物，如全麦面包、麦片、粗粮饭等，它们能够长时间刺激大脑产生血清素，这种物质可以改善人的情绪。另外，蛋白质的摄入不可或缺，它可以促进多巴胺的分泌，这是天然的抗压激素。爱自己，不是一味地满足口腹之欲，而是在好习惯中获得身心的舒畅与自由。

第二，尽量保证充足的睡眠。

想获得优质的睡眠，不是通过某一方面的改善就能实现的，需要多管齐下，养成良好的、规律的习惯，比如：判断适合自己的最佳睡眠时长，循序渐进地调整作息时间；睡前一小时远离电子产品；前一天晚上睡得迟了，次日利用小憩的时间补充精力；晚餐的饮食尽量清淡、少油腻，六七分饱即可。

第三，养成规律运动的习惯。

大量的研究和实验证明，适当的体育运动不仅有助于身体健康，还能够让日常工作导致的精神疲劳得到缓解。在同样的条件下，运动比听音乐等方式，缓解精神疲劳的效果更胜一筹。

情绪维度：情绪会影响记忆力、认知力与决策力

静静在社区工作，每天要处理一堆烦琐的事务，协助社区里的居民解决实际问题，在沟通的过程中免不了要受一些委屈。这份工作耗损了她一大半的心力，回到家后还要辅导孩子的功课，偏偏孩

子又贪玩、做事拖拉，静静总是忍不住情绪失控，冲着大宝嘶吼，急了还会推搡他几下。静静何尝不知道共情抚养的重要性，可她就是觉得"做不到"。

当自身情绪低落，甚至陷入情感枯竭状态中时，记忆力、认知力和决策力都会下降，无法很好地给予他人共情式的回应。所以，想要维系共情力的平衡，先得学会调控情绪，停止心理内耗，补充正向情绪，滋养情感精力。这里有几条实用的方法，可供参考：

第一，留出一点空间和时间，享受自己的"满足时刻"。

什么是"满足时刻"呢？简单来说，就是让你体验到愉悦和深刻满足的感觉，或者说让你感到快乐和舒适的事物。我最喜欢在周五下午去附近的书吧小坐，有时也不看书，就在那里静静地坐着，看街头人来人往，发一会儿呆。这个时刻让我觉得很放松。身边的一位朋友最喜欢去拳馆打拳，每次一个半小时的练习，会让他完全沉浸于其中，无暇思考其他的事情。这个过程让他无比享受，特别是心情不好时，痛快地打一场拳，很多烦恼都被甩了出去。

每个人的喜好不同，但总会有让自己舒适和满足的选择，看电影、阅读、做 SPA、画画、听音乐会……无论哪一种，能够给你带来超强满足感的事物，都能有效帮你增加情感精力。因为快乐是维持最佳表现、让情绪恢复的重要资源。当然，在做其中任何一件事情的时候，都要全情地投入其中，安心地享受当下。

第二，修正不合理信念，减少心理内耗。

负面情绪对精力的耗损毋庸赘述，想要降低负面情绪出现的频次，不能头痛医头、脚痛医脚，而是要从根源着手。人的情绪与思维模式、信念有关，同一件事，不同的人有不同的看法，产生不同的情绪反应。一旦有了不合理的信念，就会滋生负面情绪。所以，想要调节情绪，就要修正负面情绪背后隐藏的不合理信念。美国心理学家艾利斯研究人们的不合理信念，并把不合理信念归纳为以下三大类。

绝对化要求：绝对化要求，是指个人以自我为中心，眼里只能看到自己的目的和欲望，对事物发生或不发生怀有确定的信念，而忽略了现实性。

过分化概括：以某一件或某几件事情来评价自身或他人的整体价值，是一种以偏概全的不合理的思维方式。比如：遭遇一次失败，就认为自己"一无是处""什么也做不好"。

糟糕至极：把事物的可能后果主观想象、推论到十分可怕、糟糕的境地，认为某件不好的事情一定会发生，并导致灾难性的后果，从而产生担忧、恐惧、自责和羞愧的心理。

人的精力都是有限的，经常被不合理的信念包裹，是一种无谓的消耗。如果能够及时觉察出自己想法中不合理的成分，及时进行调整，可以帮助我们有效地阻断负面情绪的产生，继而减少身心上的无谓消耗。

第三，保持自己的节奏，避免被压力吞噬。

村上春树曾说："不管全世界所有人怎么说，我都认为自己的感受才是正确的。无论别人怎么看，我绝不打乱自己的节奏，喜欢的事自然可以坚持，不喜欢怎么也长久不了。"这是一种通透的活法。外界的人和事，很难随我们的意愿变化，想在不确定中减少心力的耗损，活得不那么慌张，不那么焦躁，就要找到自己的节奏，在舒适、健康与平和中实现自我成长。

我们都只是普通人，时间有限、精力有限，事事都想做得完美，只会给自己徒增压力，所以不必时刻苛责自己。为了美好的将来而拼搏是一种节奏，享受简单的快乐也是一种节奏；留在大城市里负重前行是一种节奏，回归到小城市感受慢生活也是一种节奏……学会尊重自己的真实意愿，不让速食的时代与纷乱的世界吞噬自己的情感精力。

生活维度：管理好生活环境，追求社交质量而非数量

为什么逛街会让人疲惫不堪？为什么衣服多了反而"没的可穿"？为什么桌面和房间里的物品多了会让人心生烦乱？原因就是——逛街买东西要挑选，衣服多了要选择，选择就要做决策，做决策就要消耗精力；物品多了需要整理，整理的时间和精力与物品的量成正比。

这就是美国心理学家鲍迈斯特提出的"自我损耗"理论：尽管

你什么都没做，但是每一次选择、纠结、焦虑、分散精力，都是在损耗你的心理能量；每消耗一点心理能量，你的执行能力和意志力都会下降。所以，我们有必要管理好自己的生活环境，处理好各种杂事，精简人际关系，避免心力被混乱繁多的物品与人际关系消耗。

第一，减少不必要的物品，保持环境的整洁。

物品的存在，应是为了提高生活的品质，这是"本"；因过多的物品，耗费掉了本可以用来创造和享受生活的资源，这是"末"。舍本逐末的选择，得不偿失。减少不必要的东西，保持环境的整洁，不仅可以腾出时间、空间和精力给更有益的人、事、物，还能够让我们在思绪上保持清醒和有序，因为杂乱是潜意识混乱的一种表现。

第二，避免被泛滥的信息包围，影响思维与生活。

大脑有这样一个特质，看见什么就处理什么。当我们被泛滥的信息包围，大脑的思考能力也会下降，因为有限的精力在逐渐地被耗损。这样的耗损完全是无价值的，因为网页上的那些社会新闻，各种奇闻怪事，几乎都与我们无关。在信息爆炸的时代，新闻报道者为了博人眼球，往往会刻意起一些有冲击力的标题，报道一些负面事件。偶尔看一两则倒还能消化，可当类似的新闻不断地涌现出来，我们的思维和生活都会受到影响。

第三，告别无效社交，注重社交质量而非数量。

当无效社交占据了过多的精力时，不仅无法从中获得内在的滋养，还可能引发情绪上的厌烦或是行为上的颓废，陷入人脉倒退的陷阱，让真正需要并值得维护的关系被忽视。所以，那些对生活和工作毫无益处、会给你带来负能量、带有情感绑架意味的关系，流于形式的点赞之交，都可以告别了。与其为了这些流于形式的无效社交浪费时间，不如去跟真正的朋友进行一次深度的交流，讨论志向、分享知识、倾听心声，无论哪一种，都是对情感精力的滋养和补充。

在践行共情时，每个人都需要好好地关照自己，一旦感觉疲惫，觉得自己的精力快要耗尽或是心情变得糟糕时，不妨仔细检查一下自我照顾的三个维度，看看是哪一部分失去了平衡，然后有针对性地进行调整，维系共情力的平衡。说到底，自我照顾就是慢慢培养与自身情感天赋的关系，追求有意义的体验以及平衡的生活，最终学会将那些挑战性的情绪转化为情感力量，更好地活在这个世界上。

包容：生而不同，爱而相容

每个人都是独立的个体，每个家庭和民族都有其独特的文化，所以求同存异、相互包容就成了一项极具挑战性的任务。然而，这又是不可或缺的，我们的身心健康、民族发展都有赖于一个充满爱的、能给予支持的关系。

包容是有深度的，它可以透过肤色、地域、学识、事业、信仰等一系列表层的东西，直抵内心与灵魂，发现彼此的共同之处。从某种意义上说，共情与包容是一体的：因为有共情，彼此之间的差别才会消散，才能看到各自都有一个渴望连接的内心和渴望理解的灵魂；因为包容，才愿意忍受差异，透过他人的眼睛去看世界，从而扩大自己的视野；当自己的视野扩宽了，就能够用全新的方式去看待他人。

《埃博拉前线》是以中国医疗队援非抗埃的真实经历为原型的一部影视作品，开篇的画面给人展示出了一幅充满生命力的生存图景：老旧的街道，低矮的房屋，穿着色彩亮丽的卡巴利亚人行走在街头，他们摩肩接踵，相互微笑，翩翩起舞。这一画面浓缩了当地人的价值观——他们喜欢享受生活和表达生命。

这一温暖的画面，与之后埃博拉病毒来袭后的残酷，形成了鲜明的对比，中国援非医疗队所面临的困境也逐一展开，就如带队者冯刚所言："这里的抗疫，不是简单的医学治疗，是需要我们以更宽广的胸怀，去包容、去理解当地的人民。"从文化差异的碰撞，到有限资源与复杂环境带来的一个个具体问题，再到恐惧面前的抉择，都让人不禁感慨：在卡巴利亚抗击埃博拉疫情的过程太艰难了！

来自中国的病毒专家郑书鹏与卡巴利亚医生盖斯姆是挚友，后者曾在中国留学多年、热爱中国文化，但在医院的行事方式上却和郑书鹏完全不同。郑书鹏有着传染科医生的警觉，知道在非洲感染危险病毒的概率很高，与病人拥抱意味着接诊不规范；而盖斯姆作为当地人，却相信拥抱可以给病人带去安慰和力量。

在进入零号病人所在的桑宜村进行"地毯式科普"时，郑书鹏反复提醒当地人"保持距离"，可是搭档医生布拉罕却说："懂的不用你说，不懂的也不会做。"面对可怕的埃博拉病毒，桑宜村的人不惧风险，照例举办迎接新生的篝火庆典，大家围聚起舞，共同许愿。看到这个场面，郑树鹏深深地体会到，"保持距离"在我们看来是轻而易举的一句话，可在当时的情景下却是最困难的，因为这违背了卡巴利亚人的生活习惯与信仰。

此时的郑书鹏，刚刚经历了挚友盖斯姆为挽救零号病人感染埃博拉离世的悲痛。这引发了他内心的冲突：一方面对村民聚集存在担忧，另一方面又对卡巴利亚人产生了深深的共情——人与人的亲密接触是他们生命的基石。对他们来说，人与人的距离，就是心与人的距离。在他们看来，死亡不是终点，而是另一段生命的起点。即便是面对感染埃博拉离世的亲友，他们也会选择亲吻死者，不让对方在孤独中离开。

抗击埃博拉本就不易，加之当地的文化与信仰，让抗埃之路变得更为艰难。作为援非的中国医生，该以什么样的姿态去面对这样的现实呢？这部剧以细腻平和的视角，给出了一个令人动容的答案：两种价值观不一定要完全融合，但可以相互汲取力量，找到一种更温暖也更有效的方式。只有相互理解、相互包容，才能形成真正的"命运共同体"。

回归到日常生活中，我们又该如何践行包容呢?

客观

在交流的过程中，允许别人发声，不打断、不诱导、不给建议和评判，做好共情式倾听。走进他人的体验中，对他人的行为寻求全面的理解，而不是聚焦于某一点。区分自己的看法和他人真实情况之间的差别，看人看事都要客观地了解情况，寻求情有可原的客观情况，明白别人的生活是事出有因的。就如弗洛姆所言："我想学会爱的艺术，我就应该在任何情况下都力求客观，并且能注意到在哪些情况下我没有保持客观，并对此保持清醒的态度。"

抱持

批评和奚落对他人的伤害是很大的，我们要时刻注意自己的言辞，呈现出友善与抱持的态度。当我们想要批评或苛求他人时，不妨先扪心自问一下: 我为什么要这样做? 我是哪些地方感到不舒服、不安全?

平和

杜克大学的精神病学家雷德福·威廉姆斯说: "当我们不够宽容时，我们会觉得是别人行为不当。发生这种情况的时候，我们多半也会变得愤怒。"所以，我们要警惕愤怒与敌意。

边界

包容，不该是无止境的，它需要有边界。毕竟，生活中有不少人以包容与爱之名，绑架了自己，默默地忍受着他人的攻击、侮辱和伤害。过度的包容，很容易被他人操控。所以，要经常性地问问自己：我是真的在包容同事，还是在尽力避免冲突？我是不是太在意爱人，直接忽视了他对自己的不屑，希望用迁就来维系这段关系？

宽恕：原谅自己，就原谅了一切

亚瑟·乔拉米卡利是全球共情研究第一人，他之所以倾力于研究共情的课题，与他的亲弟弟大卫有关：亚瑟博士的弟弟大卫，因吸毒、犯罪被全国通缉，潜逃到阿姆斯特丹走投无路时，曾与他通过电话。亚瑟博士自信可以劝弟弟找回生活的希望，令他没有想到的是，就在约好回国日期的前一天，大卫注射过量的海洛因，并用枪爆头自杀身亡。

大卫的死，给亚瑟博士带来了强烈的震撼，也让他几近崩溃。有超过两年的时间，亚瑟博士都活在黑暗与绝望中，就连所穿的衣服和所用之物都只选择棕色和象牙色。他陷入了深深的自责与悔恨，满脑子都被"当初我能够做些什么来拯救他"的想法填满，沉痛地反思着自己哪里做错了。自此，亚瑟博士开始倾注全部的心力研究共情，并将自己的人性反思和研究发现用于临床咨询中，帮助和治愈了数千万人，也让他与自己握手言和。

共情引领着亚瑟博士，慢慢地理解了弟弟大卫自杀的真正原因——他无法原谅自己，无法接受自己从一个原本热情、阳光、充满活力的人，沦落成大学辍学生、海洛因成瘾者、畏罪潜逃者、被排斥者。他无法原谅自己的行为，无法原谅自己带给全家的耻辱，无法原谅自己所造成的悲伤。他的世界不断变窄，直至最终看不到任何出路，所以他结束了自己的生命。

这是一个漫长的过程，亚瑟博士在真正理解大卫的同时，也认清了事实，知道大卫已经走了，现在再做什么也不可能把他救回来。回头看，他知道自己已经做了所能做的一切，并找到了对自己的宽恕："我并不完美，我也犯过错误，我说过一些希望自己没有说过的话，做了一些我后悔做的事——但是我爱他。我不可能更爱他了。所以，就有了这样一个事实——我爱他，而我的爱没能挽救他。"如果说共情是心灵层面的连接，那么宽恕就是相互连接的终极行为："我宽恕你，因为我就是你；宽恕了你，我就宽恕了我自己；宽恕了我自己，我就宽恕了这个世界。"

宽恕自己，是让生活继续的重要行为，也是自我照顾的重要部分。这里有几条颇具参考性的建议，能够帮助我们学习和践行自我宽恕：

理解宽恕的重要性

活在自我谴责的状态下会耗费很多能量，而这些能量其实可以被更好地使用。宽恕能让我们走出过去，活在当下，把焦点放在改变、提升和丰富经验上，拥抱全新的目标，而不是因过去的痛苦踟蹰不前。况且，总是沉溺在自责中，也会给情绪和健康带来伤害。

学会自我接受

宽恕自己，需要明晰一个事实：你无心所犯的错误，并不能定义你这个人。有些时候，我们的本意是好的，只是从一个有倾向性的位置来倾听他人，有自己的担心和恐惧，无法共情对方的感受，导致没能帮到对方，或是给对方造成了伤害。认识到问题所在，停止让相同的错误绊住前行的脚步。

"欢迎缺陷"

完美主义者通常对自己都很苛刻，要做到自我宽恕更是艰难，因为这看起来就像是接受不符合标准的自己。针对这一情况，要逐渐打破固有认知，清醒地认识现实——所有人都不是完美的，谁都如此。平时可以多看一些如何控制完美主义倾向的书籍，从小事上慢慢改变；如果完美主义对正常生活造成了影响，不妨求助于专业的心理咨询师。

停止自我惩罚

有些朋友对宽恕存在误解，总觉得原谅自己是不对的，这意味着遗忘或纵容自己的错误行为。这种认知上的偏差，也是阻止自我宽恕的一个因素。其实，自我宽恕并不是为自己辩解，也不意味着我们的行为应该被遗忘。我们要承认自己的错误，并对自己的行为承担全部的责任，正视自身的问题所在。

要学会对自己说："我并不否认自己所做的一切，也知道自己错在什么地方，但是为了健康、为了生活、为了身边的其他人，我还是要继续前进。"宽恕是一个过程，而不是一个终点，容许错误的发生，是为了从中汲取教训，将来不再犯同样的错误，把消极的责备和想法转移到更充实、更有关注价值的事情上。

生活中发生的好事与坏事，决定了我们是怎样的人，我们所做的好事和坏事也是一样。正如大卫·奥格斯伯格所说："因为我们的意图从不曾完美无缺，我们的尝试从不曾准确无误，我们的所成从不曾摆脱我们称之为人性的局限，我们需要被宽恕、被救赎。"